윤희윤 지음

CINEMA TICKET ······ Admit Anyone

인권 감수성을 높이는 영화 30편

세상을 껴안는 영화읽기

문학동네

작가의 말

영화는 종합예술이자 창의력의 산물입니다. 책 읽기와 달리 '함께' 한 공간에서 동시 시청을 하는 매체적 특징 때문에 영화읽기는 그 과정만으로도 자신과 타인의 의견을 교차시키며 생각의 폭을 넓힐 수 있다는 장점이 있습니다. 텍스트 읽기에 창의적 활동을 병행하는 영화읽기 교육은 세상의 이면을 보고, 틈새를 발견하며, 입장 바꿔 생각하고 느끼는, 역지사지(易地思之) 혹은 역지감지(易地感之)의 능력을 계발함으로써 소통과 공감 능력을 확장시킵니다.

입장 바꿔 생각하고 느끼며 세상을 껴안아 보자는 취지에서 현재는 물론 SF 영화 속 미래의 소수자와 과학 윤리까지 화두로 끄집어냈습니다. 사회적 소수자인 장애인, 미혼모, 사형수, 희귀병 환자, 이주 노동자, 탈북자, 성적 소수자를 다룬 영화뿐만 아니라 과학의 발전으로 대두된 타자, 소위 E.T.라 불리는 외계인, 로봇, 클론 등과 인간 간의 갈등이 어떤 시선으로 그려지는지 살펴보았습니다. 책을 다 읽을 즈음이면 삶의 진정성을 보여 주는 영화야말로 껄끄러운 이야기를 꺼내기에, 무엇보다 예를 들어 보여 주기에 매우 효과적인 교육 매체임을 확신할 수 있을 것입니다.

2015년은 제가 영화읽기 교육을 시작한 지 십팔 년이 되는 해입니다. 그간 '함께'하는 영화읽기 속에 수많은 만남이 있었습니다. 성미산학교, 간디학교, 국가인권위원회, 한겨레문화센터, 마포구립서강도서관, 구로구청 평생학습원 등에서 진행한 '영화로 인권보기' '영화로 배우는 역사'는 교육으로서의 영화읽기의 장점을 확인할 수 있었습니다. 영화읽기 교육의 핵심은 여러 관점을 공유하면서도 자신의 눈으로 새롭게 텍스트를 읽어 내는 성찰의 능력을 기르는 것입니다. 이러한 성찰의 영화읽기는 자기 인생의 주인이 되고 문제를 스스로 해결하는 능력을 키우는 데도 큰 도움이 될 것입니다.

특히 2007년 제주·진해·제천·부평 '기적의 도서관'에서 유치원생부터 칠십 대 어르신과 함께한 특강은 '또 하나의 독서로서 영화읽기'는 물론 '세대를 초월한 공감 교육으로서 영화읽기'의 잠재력을 공감한 현장이었습니다. 또한 2013년부터 현재까지 금옥여고, 운산고, 마석고, 삼정초, 차암초 등 혁신학교와 2016년 자유학기제의 시범학교인 수서중과 경원중에서 창의체험교과와 선택교과 수업에 적용한 영화읽기는 소통과 치유, 나아가 진로 탐색과 적성 교육에도 큰 공헌을 한다는 사실을 거듭 확인할 수 있었습니다.

『세상을 껴안는 영화읽기』를 완성하기까지 많은 분들의 도움이 있었습니다. 아이를 놀이방에 맡기면서까지 내용 교정을 해 주신 금천고등학교 사회과 김영신 선생님과 2013년부터 혁신학교에서 수업 나눔을 해 주신 영화읽기지도사 윤성희, 변혜경, 임성지 선생님, 특히 2015년 개정판의 교정을 꼼꼼히 봐 주신 심영희 선생님께도 머리 숙여 감사드립니다. 또한 영화와 인생에 대해 격의 없는 대화를 나누어 온 나의 제자이자 스승인 고수리, 김민주, 이동준에게 감사와 사랑을 표합니다. 추천 글을 써 주신 한홍구, 김종휘 선생님께도 존경과 감사의 인사를 드립니다. 마지막으로 어둠과 빛이 공존하는 '영화'를 통해 눈에 보이는 세상 저 너머에 있는 진실된 이야기들을 함께 나눌 사람들을 더 많이 만날 수 있기를 희망합니다.

윤희윤

차 례

SF, 미지의 생명을 껴안다

일러두기

· 외래어 표기는 국립국어원의 외래어 표기법을 따랐으나, 영화 제목과 영화 속 등장인물들의 이름은 혼동을 피하기 위해 개봉 당시의 표기를 따랐다.

· 본문 중의 • 표시는 '상식 한 컷~두 컷'을 통해 자세히 다루었다.

/

지금,
여기서 모두를 껴안다

/

로렌조 오일

길버트 그레이프

굿바이 마이 프렌드

제8요일

푸줏간 소년

중앙역

키리쿠와 마녀

어둠 속의 댄서

슈팅 라이크 베컴

데이비드 게일

조제, 호랑이 그리고 물고기들

<여섯 개의 시선> 중 대륙횡단

<여섯 개의 시선> 중 믿거나 말거나, 찬드라의 경우

<별별 이야기> 중 사람이 되어라

<다섯 개의 시선> 중 배낭을 멘 소년

천하장사 마돈나

로렌조 오일

원제 Lorenzo's Oil
감독 조지 밀러(1992년, 미국)
등장인물 자크 오말리 그린버그(로렌조), 닉 놀테(아우구스토 오도네), 수전 서랜던(미카엘라 오도네)
배경 20세기, 미국
상영시간 129분(전체 관람가)

죽음에 이르는 병을 넘어선 사랑의 힘

〈로렌조 오일〉은 실화를 바탕으로 만들어진 영화입니다. 로렌조는 실제로 ALD• 라는 불치병에 걸렸던 환자의 이름입니다. 이 영화를 만든 조지 밀러는 〈매드 맥스〉(1979)라는 작품으로 명성을 떨쳤으며 그밖에도 〈꼬마 돼지 베이브 2〉(1998), 〈해피 피트〉(2006), 〈매드 맥스 : 분노의 도로〉(2015)를 연출했습니다. 전직이 의사였다는 점도 흥미로운데, 〈로렌조 오일〉에서는 자신의 경험을 살려 직접 각본을 쓰고 연출과 제작까지 도맡아 희귀병 환자와 그 가족들의 현실을 생생하게 그려 냈습니다.

영화가 시작되면 타악기 소리와 함께 아프리카의 풍경이 비춰지

고, 원주민들과 함께 뛰어노는 천진난만한 소년 로렌조의 모습이 보입니다. 일곱 살 난 로렌조는 은행원인 아버지 아우구스토 오도네의 전근으로 부모님과 함께 코모로 공화국에서 살고 있습니다. 오무리라는 흑인 청년은 로렌조의 가장 좋은 친구이자 맏형 같은 존재로, 이들은 바닷가에서 함께 수영을 하며 놉니다.

그런데 아버지가 또다시 전근되자 로렌조는 미국으로 이사를 가고, 오무리와도 헤어지게 됩니다. 미국의 한 유치원에 다니던 로렌조는 어느 날 갑자기 소리를 지르고 물건을 부수는 등 난폭하게 행동합니다. 정밀 검사 결과, 로렌조는 ALD라는 희귀병에 걸려 이상 행동을 보인 것으로 판명됩니다. 실어증, 보행장애, 실명을 겪게 되며 이 년 안에 사망할 것이라는 선고까지 받습니다.

오도네 부부는 연구 중이라는 식이요법을 써 보지만, 별다른 효과도 없는 데다 아들을 임상 실험 대상으로 삼는 것에 실망하고 치료약을 직접 찾아내기로 결심합니다. 의사들은 무모한 도전이라며 말리지만, "우리 아들 로렌조는 우리가 지킨다."는 신념하에 고독한 연구가 진행됩니다. 유전학·생화학·신경학 등 의학 서적과 관련 논문을 조사한 결과 로렌조의 병은 포화지방산 수치와 연관이 있으며 평지씨 기름에 이를 억제하는 효과가 있다는 것이 밝혀집니다.

하지만 이 기름을 그대로 사용할 경우 독성 때문에 목숨을 잃게 되므로 별도의 처리 과정을 거쳐야만 한다는 문제가 제기됩니다. 성공률이 희박하고, 추출량이 워낙 적어 치료에 쓰려면 천문학적인 비용이 든다는 이유로 전문가들은 연구를 기피합니다. 그러는 사이 로렌조의 병세는 점점 더 악화됩니다. 청각·시각장애에 이어 언어·보행 능력이 마비되고 침조차 삼킬 수 없는 상황으로까지 치닫습니다.

천장만 응시하며 식물인간처럼 누워 있는 아들이건만, 미카엘라는 이런 아들이 세상과 대화할 수 있는 유일한 창구는 오직 '책'뿐이라는 생각으로 그림책을 읽어 줍니다. 그리고 로렌조에게 영혼의 친구가 되어 줄 오무리를 찾아가 간호를 부탁합니다.

오도네 부부는 연구 경비를 마련하기 위해 집까지 내놓고 전문가를 구하지만 누구도 나서려 하지 않습니다. 평지씨 기름에 치료 효과가 있다는 가설이 전문가의 연구 결과도 아닌 데다, 성공에 대한 보장도 없고 비용이 너무 많이 든다는 이유 때문입니다.

이런 막막한 상황에서, 화장품 연구소 정년 퇴임을 앞둔 생화학자 돈 수데비 박사(이 영화에 실명으로 출연한 수데비 박사는 2006년에 사망했습니다)가 구세주처럼 나타납니다. 그의 도움으로 로렌조는 호흡기를 떼고 의식을 되찾아 갑니다. 도서관과 연구소를 문턱이 닳도록 드나든 결과 오도네 부부는 마침내 ALD 치료법을 찾아냈지만, 로렌조의 병은 이미 완치가 불가능한 상태임을 알게 됩니다. 부부는 아들을 바라보며 이런 대화를 나눕니다.

"우리의 노력이 혹시 다른 아이들을 위한 것이라고는 생각해 보지 않았소?"

"그래요. 그럴 수도 있겠지요!"

영화의 맨 마지막에서 확인할 수 있듯이, 오도네 부부의 노고는 일견 가족이기주의로 비칠 수도 있는 자식에 대한 집착에서 한걸음 더 나아가 인류애의 차원으로 발전했습니다.

로렌조 오일은 미국식품의약국(FDA : Food and Drug Administration)에서 삼 년간의 임상 실험을 거쳐 병을 앓는 어린이들에게 공급되고 있는데, 오도네 부부는 로열티*를 전혀 받지 않고 다만 약에 아들의 이름을 붙여 주기를 원했다고 합니다. 로렌조 오일을 추출한 업적으로 아우구스토 오도네는 의학박사 학위를 받았습니다.

수전 서랜던이 연기한 로렌조의 어머니 미카엘라는 2000년 6월 폐암으로 사망했고, 로렌조 또한 2008년에 서른 살의 나이로 사망했습니다. 하지만 영화의 끝 인터뷰 장면에서 로렌조 오일 덕에 병세가 나아진 아이들의 밝은 얼굴과 감사의 말은, 개인의 땀과 노력이 얼마나 많은 이들에게 희망을 안겨 줄 수 있는지를 보여 주며 이 영화가 실화를 토대로 했음을 다시 한번 상기시켜 줍니다.

1. ALD

ALD는 뇌의 백질이 차츰 파괴되는 병인 부신 백질이영양증(Adrenoleukody-strophy)을 말합니다. ALD 환자에게는 지방을 분해하는 효소가 없어, 분해되지 못한 지방산들이 그대로 혈액 속을 떠돌게 됩니다. 이 지방산들은 몸의 이곳저곳에 축적되어 장기들을 손상시킵니다. 1932년에 처음 발견된 ALD는 유전자 돌연변이로 발생하며 주로 5~10세의 남자아이가 걸리는 희귀병입니다. 희귀병들은 환자의 수가 적기 때문에 의료계에서도 연구 개발에 대한 투자를 꺼리는 경우가 흔한데, 〈로렌조 오일〉은 이러한 의료계의 현실을 잘 보여 주는 예라 하겠습니다.

2. 로열티 royalty

영국에서 수세기 동안 모든 금·은광은 국왕의(royal) 재산이었고, 따라서 국왕에게 대가를 지불해야만 금과 은을 채굴할 수 있었습니다. 이러한 역사적 유래를 가진 로열티는 현재 저작권에 따른 인세, 예술 작품의 상연료, 특허권 사용료 등을 통칭하는 개념이 되었습니다. 최근 국가간 기술 유입과 상표 도입, 문화 교류가 늘어나면서 로열티가 더욱 중요하게 부각되고 있습니다.

함께 나눌 이야기

1. 아픈 로렌조가 포크질을 할 수 없어 손가락으로 스파게티를 집어 먹자 어른들도 로렌조를 따라 손가락으로 스파게티를 먹습니다. 이 장면은 어떤 의미일까요?

길잡이 영화를 보면, 로렌조의 병세가 빠른 속도로 악화되는 시점에서 온 식구가 둘러앉아 포크를 쓰지 않고 스파게티를 먹는 장면이 나옵니다. 휠체어에 앉아 떨리는 손가락으로 스파게티 가락을 집는 아이를 바라보며 어른들도 아무 말 없이 손으로 스파게티를 집어 먹는 모습……. 난데없이 이처럼 묘한 식사 장면을 잡아낸 것은, 포크질조차 할 수 없는 로렌조가 소외감을 느끼지 않도록 배려하는 마음을 보여 주기 위해서라고 생각됩니다. 눈높이를 맞춘다는 것, 그 사람의 입장이 되어 생각하고 행동한다는 것은 이처럼 아주 쉬운 일일 수도 혹은 아주 어려운 일일 수도 있습니다. 여러분의 가족이나 친구가 어려움에 처했을 때, 그 사람의 입장에서 고통을 나누기 위해 어떤 행동을 했는지 예를 들어 이야기 나누어 보세요.

2. 〈로렌조 오일〉에서 '책'은 부모의 입장에서는 문제 해결의 열쇠이며 아들에게는 세상과 연결되는 창입니다. 이처럼 여러분이 고난에 처했을 때 위로가 되거나 문제를 해결하도록 도와주는 물건이 있었다면 무엇인지 이야기 나누어 보세요.

길잡이 오도네 부부가 의사들도 외면한 희귀병의 원인과 대책을 파헤칠 수 있었던 것은 도서관에서 찾은 의학 서적·논문·잡지 덕분이었습니다. 또한 미카엘라가 움직이지도 말하지도 못하는 아들에게 끊임없이 그림책을 읽어 주는 장면은 가슴 뭉클한 감동을 자아냅니다. 누워만 있는 아이에게 책은 바깥 세상과 연결되는 유일한 통로였고, 이 사실을 간파한 어머니 미카엘라는 책을 통해 줄곧 로렌조에게 말을 걸고 용기를 북돋아 준 것입니다. 늘 이탈리아 가곡을 거실에 틀어 놓고, 아프리카에서 오무리를 불러들여 로렌조 곁에 있게 하고, 기타를 치고 노래를 불러 주는 등 오도네 부부의 행동들은 로렌조가 단지 반응하지 못할 뿐 이 모두를 다 보고 듣고 있으리라 믿고 행한 것이었습니다. 단순히 자식을 위해서 모든 것을 다 바친다는 식의 거창한 헌신 대신에, 이탈리아인 특유의 긍정적 사고와 열정으로 아들의 생명력을 확신한 부모의 사랑과 인내가 결국 기적을 이룬 건 아닐까 하는 생각이 듭니다.

길버트 그레이프

원제 What's Eating Gilbert Grape
감독 라세 할스트룀(1993년, 미국)
등장인물 조니 뎁(길버트 그레이프), 리어나도 디캐프리오(어니), 줄리엣 루이스(베키)
배경 20세기, 미국
상영시간 118분(12세 관람가)
수상 1993년 전미비평가협회 최우수 남우조연상

무엇이 길버트 그레이프를 괴롭히는가?

'무엇이 길버트 그레이프를 괴롭히는가?(What's Eating Gilbert Grape)'라는 원제처럼 주인공 길버트의 일상은 무엇엔가 단단히 짓눌려 있습니다. 과연 무엇이 길버트 그레이프를 힘들게 하는 것일까요? 〈길버트 그레이프〉는 길버트의 가족과 그들을 둘러싼 마을 사람들, 그리고 캠핑카 고장 때문에 잠시 마을에 머물게 된 베키와의 만남을 차례차례 보여 줍니다.

엔도라라는 시골 마을 입구에서 밀려오는 캠핑카들을 세며 노는 동생 어니는 열일곱 살의 지적장애* 인입니다. 길버트의 아버지는 지하실에서 목을 매달아 자살했고, 그 충격으로 폭식을 하여 몸이 불어난 어머니는 움직이지도 못하고 거실에만 있다 보니 TV중독까

지 겪습니다. 어머니 대신 집안일을 돌보느라 꿈을 펴지 못한 누나 에이미, 한창 멋 부리기 좋아하는 여동생 엘렌까지 다섯 명이 길버트네 가족입니다. 스무 살 청년 길버트는 식료품 가게에서 일하며 다섯 식구를 부양하는 가장으로 고단한 일상을 보내고 있습니다.

그러던 어느 날, 할머니와 여기저기 여행하며 사는 베키의 캠핑카가 마을로 들어옵니다. 베키는 가족한테 묶여 사는 길버트와는 대조적으로, 자신에게 충실한 삶을 살아가는 자유의 상징으로 그려집니다. 가족에 대한 의무 때문에 고여 있는 물같이 정체된 길버트의 삶과 흐르는 물처럼 자유로운 베키의 삶은 낡은 집과 캠핑카라는 주거 형태를 통해서도 대비됩니다. 이렇듯 둘의 환경은 서로 딴판이지만, 높다란 가스탱크 위에 올라간 어니를 재미있는 노래로 유인하여 무사히 내려오게 하는 길버트를 보고 베키는 두 형제에게 호감을 갖게 됩니다.

길버트는 매번 경찰의 경고를 받으면서도 자꾸만 가스탱크에 올라가는 어니 때문에 골치를 앓습니다. 그러던 어느 날 어니는 결국 경찰서로 끌려가고, 급기야 길버트의 어머니는 육중한 몸을 이끌고 집을 나섭니다. 지팡이를 짚고 간신히 경찰서까지 가서 고함을 지르며 어니를 빼내 오는 어머니. 그런 어머니를 쳐다보는 마을 사람들과, 그들의 시선을 견디며 차까지 걸어오는 길버트 가족이 슬로모션으로 비추어집니다. "저러니까 지팡이가 필요하지!" "괴물이야!" 라고 놀리는 아이들, 안경을 고쳐 쓰며 뚫어져라 쳐다보는 노인, 자전거로 주위를 빙빙 맴돌며 구경하는 소년, 심지어 사진기를 들이대는 여행객. 이들의 따가운 시선을 견디며 차에 오르는 길버트 가족의 모습은, 어머니의 무게를 견디지 못해 한쪽으로 기울어진 자동차만큼이나 안타깝습니다.

집에 돌아오자마자 길버트는 다음 날이 어니의 열여덟 번째 생일이란 사실을 환기시키고 어니를 목욕시키려 합니다. 하지만 목욕하기 싫은 어니는 도망 다니다 누나가 만든 케이크를 망가뜨립니다. 길버트는 평소에 가지 않던 대형 슈퍼마켓까지 가서 케이크를 사 오지만, 이마저 망가뜨린 어니에게 화가 복받쳐 손찌검을 하고 집을 뛰쳐나옵니다. 길버트는 고물차를 몰고 무작정 엔도라를 벗어나려 하지만, 마을 경계에서 잠시 갈등하다 차를 돌려 베키에게 갑니다. 길버트가 멋쩍은 미소를 지으며 "갈 곳이 없었어."라고 베키에게 고백하는 장면은, '가지 않은 길'을 동경하면서도 변화를 두려워하는 보통 사람들의 모습을 반영하는 듯합니다.

"네가 진정 원하는 게 뭐니?" 베키의 질문에 길버트는 엉뚱하게도 "어니의 두뇌를 바꿀 수 있다면, 어머니가 에어로빅이라도 하실

수 있다면 좋겠어."라고 대답합니다. 베키가 다시 "다른 사람 말고, 네 자신이 진정 되고 싶은 건?" 하고 묻자 길버트는 "그냥, 좋은 사람!"이라고 대답합니다.

밤새 베키와 대화를 나눈 길버트는 집으로 돌아오고, 가족들은 무사히 어니의 생일파티를 끝냅니다. 그날 밤 어머니는 지팡이를 짚고 평소에 쓰지 않던 2층 침실로 올라갑니다. 혼자 움직일 수도 없을 만큼 살이 쪄 집 안에만 틀어박혀 있던 어머니는, 어니가 무사히 성년이 되는 열여덟 번째 생일에 남편 곁으로 가겠다고 결심하고 있었던 것입니다. 어머니의 자살을 알게 된 어니의 고함에 이어, 나머지 세 남매들이 당황하여 비명을 지르는 모습은 가장 비극적인 장면임에도 불구하고 담담한 롱숏* 으로 처리됩니다.

길버트는 어머니를 또다시 놀림감으로 만들기 싫어 시신을 옮기지 않고 집과 함께 화장하기로 합니다. 불타는 집을 바라보는 가족들은 이제 마을을 떠나 각자의 길을 가기로 결심합니다. 난생처음 스스로 선택한 '길'에 대한 설렘 때문일까요? "에이미는 제과점에 취직했고, 엘렌은 곧 전학 갈 거라고 들떠 있다. 나와 어니는 원한다면 어디로든지

떠날 수 있다. 베키와 함께……."라는 내레이션이 흘러나오며, 베키의 캠핑카에 올라탄 길버트 그레이프의 얼굴에 문득 행복한 표정이 스쳐 지나갑니다. 지금 자신 앞에 놓인 길이 반드시 행복을 가져다준다는 보장은 없겠지만, '떠남' 그 자체로 충분한 의미가 있다는 듯 말입니다.

1. 지적장애

사회성·학습 능력 등이 연령 기준치에 못 미치는 상태로, 세계 인구의 2~3퍼센트로 추정됩니다. '지적장애'란 용어는 2007년 미국 정신지체 협회(AAMR, 현 미국 지적장애 및 발달장애 협회; AAIDD)에서 새롭게 정한 것으로, 우리나라에서도 그 해 10월 개정된 장애인복지법에 따라 쓰기 시작했습니다. 정신박약, 정신지체 등 상대적으로 장애인을 열등한 존재로 규정짓는 용어를 버리고, 장애에 대한 변화된 개념을 반한 것입니다. 〈니키와 지노〉(로버트 영, 1988), 〈아이 엠 샘〉(제시 닐슨, 2001) 또한 지적장애 인물이 등장하는 감동적인 영화입니다.

2. 롱숏long shot

카메라가 피사체로부터 멀리 떨어짐으로써 피사체가 배경에 묻혀 보이도록 찍는 기법으로, 초기 할리우드 영화에선 주로 도입부에 전체 상황을 조망할 때 사용했습니다. 할스트룀 감독은 직접적으로 설명하는 대신 관객 스스로 눈앞에 펼쳐진 상황을 느낄 수 있도록, 이 영화에서 가장 비극적인 사건인 어머니의 죽음과 그에 대한 가족들의 반응을 롱숏으로 처리한 것으로 보입니다. 우리 영화에서는 임권택 감독의 〈길소뜸〉(1985)과 〈천년학〉(2006)에 쓰인 롱숏이 대표적인 예로 '슬픔의 정한을 걸러 낸 미학'이란 평을 듣고 있습니다. 이 외에도 〈좋은 놈, 나쁜 놈, 이상한 놈〉(김지운, 2007)은 롱숏의 묘미를 살려 광활한 만주 벌판을 보여 주고 있습니다.

함께 나눌 이야기

1. 지적장애인인 어니는 항상 놀림을 받습니다. 비만 때문에 거실을 벗어나지 못하는 어머니도 일단 외출하자 온 동네 사람들의 놀림감이 됩니다. 왜 그럴까요?

길잡이 몇 해 전 어르신들을 대상으로 영화 특강을 하면서 〈길버트 그레이프〉를 보고 함께 이야기를 나눈 적이 있습니다. 그때 "어머니 역으로 나온 사람이 진짜 저렇게 살찐 배우냐 아니면 분장을 그렇게 한 거냐?"는 질문과 함께 "자식들에게 폐 끼치지 않으려면 더 이상 비만해지지 않도록 더욱 신경 써야겠다."는 이야기를 들었던 것이 아직도 기억에 남네요. 남녀노소를 막론하고 예전보다 더욱 많은 사람들이 비만을 '장애'로까지 느끼는 것은 상업 광고와 대중매체에 의해 똑같은 미적 기준이 유포되기 때문입니다. 작은 시골 마을인 엔도라 사람들까지도 이 기준에서 벗어나지 못하고 어머니를 마치 동물원 원숭이처럼 바라보는 장면은 이런 세태를 반영하고 있다고 하겠습니다. 어머니의 입장에서 짐작했을 때, 사람들의 곱지 않은 시선들을 견뎌 내며 아들을 구하러 외출을 감행한 것은 모성애를 넘어 일종의 동병상련으로 보입니다. 아들인 어니의 지적장애나 어머니의 비만이나, 사람들에게 따가운 눈총을 받기는 마찬가지였으니까요.

2. 어니를 데려오기 위해 힘겹게 몸을 이끌고 경찰서로 가는 어머니, 그리고 이를 쳐다보는 사람들의 시선을 슬로모션으로 연출한 감독의 의도는 무엇이었을까요?

길잡이 스웨덴 출신의 라세 할스트룀 감독은 〈개 같은 내 인생〉(1985)으로 유명해졌습니다. 클로즈업보다는 롱숏(멀리 찍기)과 롱테이크(길게 찍기)를 즐겨 쓰며, 감상적 할리우드 영화에 자주 등장하는 슬로모션은 피하는 감독으로 알려져 있습니다. 그런데 유독 이 장면에서 감독이 슬로모션을 선택한 이유는 무엇이었을까요? 멈춰 서서 손가락질하며 사진까지 찍는 사람들의 시선을 견뎌야 하는 당사자에겐 아찔할 정도로 길고 힘겨운 순간이었음을 강조하려는 의도로 보입니다.

굿바이 마이 프렌드

원제 The Cure
감독 피터 호턴(1995년, 미국)
등장인물 브래드 렌프로(에릭), 조지프 마젤로(덱스터)
배경 20세기, 미국
상영 시간 97분(12세 관람가)

담 넘어서기로 시작되는
아주 특별한 우정

〈굿바이 마이 프렌드〉의 원제인 'The Cure'는 '치료, 치유, 구원'이라는 뜻입니다. 이 영화의 주인공은 에이즈에 걸린 덱스터와, 그 옆집에 사는 소년 에릭입니다. 열두 살 소년으로서는 감당하기 힘든 병을 '치료'하기 위해 함께 노력하는 과정에서 마음의 상처가 '치유'되는 모습을 감동적으로 그려 내고 있습니다. 둘 사이에 피어나는 특별한 우정과 이들을 바라보는 두 어머니의 갈등이 교차되며, 정작 환자에게 힘든 것은 병 그 자체보다 좀처럼 무너지지 않는 편견의 벽이라는 사실을 환기시킵니다.

첫 장면부터 산만한 행동거지가 눈에 띄는 에릭은 이혼한 엄마와 단둘이 사는 외로운 소년입니다. 그러던 어느 날, 수혈을 잘못 받아 에이즈*에 걸린 덱스터가 옆집으로 이사 옵니다. 덱스터 역시 엄마와 단둘이 살고 있지만, 학교는커녕 아무 데도 가지 못하고 자기 집 마당 안에서만 놀아야 합니다. 담장을 사이에 두고 따로따로 놀던 둘은 얼마 안 있어 서로의 목소리를 듣게 됩니다. 담장 사이로 덱스터를 지켜보던 에릭은 죽음을 두려워하지 않는 덱스터에게 왠지 모를 호감을 느끼고 담장을 넘어 덱스터에게 다가갑니다. 둘은 만나자마자 친밀감을 느끼고, 함께 놀거나 장을 보러 다니면서 친형제처럼 지냅니다.

덩치가 커 언뜻 보면 형 같은 에릭은 덱스터의 병을 고치기 위해 시냇가의 이름 모를 풀들을 달여 먹입니다. 또 스스로 창안한 사탕식이요법을 실행해 보기도 합니다. 그러던 어느 날, 덱스터가 독초를 달여 먹고 응급차에 실려 가는 바람에 둘의 우정이 발각됩니다. 에릭의 어머니는 아들이 옆집 에이즈 환자와 어울렸다는 사실을 알고 분노합니다. "그 앤 홍역이 아니라 에이즈야!"라고 소리치며 매까지 들어 아들을 가둬 두려 하고, 덱스터의 어머니에게 전화를 걸어 "다시 두 아이가 만나는 일이 있다면 경찰에 신고하겠다."며 모욕을 주기도 합니다.

하지만 에릭은 어머니의 꾸중도 매도 아랑곳 않고 하루 빨리 에이즈 치료약을 찾아내는 데만 열중합니다. 그러다 뉴올리언스에 있는 피시번 박사가 에이즈 치료제를 발견했다는 잡지 기사에 눈이 번쩍 뜨입니다. 둘을 떼어 놓으려는 어머니의 강요 때문에 어쩔 수 없이 캠프로 떠나야 하는 상황에 놓이자, 에릭은 덱스터와 함께 가출하여 둘만의 원정을 떠납니다. 수천 마일이나 떨어진 뉴올리언스를 찾아가기란 쉽지 않습니다. 고무보트를 타고 뉴올리언스까지 가려는 생각도 하지만, 1200마일이나 되는 거리를 보트로 감당하기는 어려운 일임을 안 아이들은 뉴올리언스행 유람선이 있는 선착장으로 달려갑니다.

하지만 유람선에 타고 있던 히피 청년들은 뱃삯을 내라며 에릭과 덱스터의 전 재산을 갈취해 가고, 출발할 생각이 없는 듯 빈둥거리며 놀기만 합니다. 날이 저물고 잠들었던 덱스터가 뒤척이며 괴로워하자 에릭은 악몽이라도 꾸었느냐고 묻습니다. 덱스터는 잠에서 깨어날 때마다 두렵다고 고백합니다. 자신이 생각하는 우주는 "너무 먼 데다 끝없이 춥고 어두운 곳이라 한번 가면 영영 돌아오지 못할 것 같다."고 말하는 덱스터에게 에릭은 자신의 운동화 한 짝을 벗어 줍니다. 자는 동안 이걸 꼭 잡고 있으라며, 깨어났을 때 냄새나는 운동화 한 짝이 보이면 아직 지구에 있는 거니 안심하라고 말해 줍니다.

다음 날 아침, 에릭은 히피 청년들에게 서둘러 떠날 것을 부탁하지만 무시당하자 뱃삯으로 뺏겼던 돈을 도로 훔쳐 덱스터와 달아납니다. 얼마 못 가 청년들에게 발각되어 막다른 골목에 다다르자, 덱스터는 칼로 손바닥에 상처를 내고 자신이 에이즈 환자임을 밝히며 "내 피는 독이야!"라고 위협합니다. 위기를 모면한 덱스터는 혼자 상처를 싸매며 에릭에게 가까이 오지 말라고 하지만, 에릭은 "그

건 바이러스일 뿐, 치료법이 개발되면 너도 다른 사람과 똑같아질 거야!"라고 덱스터를 위로하고 함께 집으로 돌아옵니다.

병원에 입원한 덱스터는 담담한 모습으로 SF영화 〈스타 트렉〉을 보며 먼 우주를 꿈꿉니다. 문병 온 에릭은 덱스터를 즐겁게 해 주기 위해 체스, 카드놀이, 꼭두각시 인형놀이 등 끊임없이 놀 거리를 생각해 냅니다. 두 아이가 개발한 놀이들 중 압권은 덱스터가 죽은 척했다가 벌떡 일어나 의사와 간호사들을 놀라게 하는 것입니다. 한 번, 두 번 장난처럼 죽음을 연습하던 어느 날, 덱스터는 그야말로 장난처럼 죽음을 맞습니다. 덱스터는 죽는 순간까지 에릭 덕분에 공포도 외로움도 느끼지 않고 세상을 떠난 것입니다.

덱스터의 어머니는 예정된 일인 양 아들의 죽음을 담담히 지켜보지만, 집으로 돌아오는 길에 횡단보도를 건너는 건강한 아이들을 보고 그만 에릭 앞에서 눈물을 쏟습니다. 며칠 후 장례식에 온 에릭을 배웅하던 덱스터의 어머니는 운동화를 한 짝만 신고 있는 에릭을 보고 의아해합니다. 하지만 방에 들어가 아들의 시신을 본 순간 의문이 풀립니다. 창백한 얼굴에 평온한 미소를 띤 채 누워 있는 덱스터의 손에 꼭 쥐어진 헌 운동화 한 짝. 한편 에릭은 덱스터와 함께 놀던 강물에 두 발을 담그고, 덱스터에게서 벗겨 온 구두 한 짝을 강물에 흘려보내며 작별을 고합니다.

1. 에이즈 AIDS, Acquired Immune Deficiency Syndrome

인체면역결핍 바이러스인 HIV(Human Immunodeficiency Virus)에 감염되면 체내 면역 체계가 파괴되어 병원균에 저항하지 못하고 마침내 합병증으로 사망에 이릅니다. 1981년 미국에서 처음 발견된 HIV는 전 세계로 급속히 확산되었고 한국의 경우 1985년 첫 사례가 확인되었습니다. 감염자 중에는 15세 이하 어린이도 상당수 존재하며, 아프리카에서는 감염된 채 태어나는 신생아와, 부모를 병으로 잃은 '에이즈 고아'가 늘고 있습니다. 에이즈 감염자가 등장하는 영화로는 〈필라델피아〉(조너선 드미, 1993), 〈너는 내 운명〉(박진표, 2005), 〈달라스 바이어스 클럽〉(장 마크 발리, 2013) 등이 있습니다.

함께 나눌 이야기

1. 덱스터가 여행 도중 텐트 안에서 신발을 끌어안고 자는 장면, 그리고 홀로 남은 에릭이 덱스터의 신발을 강물에 흘려보내는 장면에서 신발에는 어떤 의미가 담겨 있는 것일까요?

길잡이 여러 영화 속에 등장하는 수많은 신발 중, 〈굿바이 마이 프렌드〉의 운동화 한 짝만큼 콧날을 시큰하게 만드는 경우가 또 있을까요? 〈포레스트 검프〉(로버트 제멕키스, 1994)에서 주인공 포레스트의 엄마가 "사람들이 신은 신발만 보아도 그 주인의 직업과 성격, 기분을 알 수 있단다."라고 말했듯 신발은 그 사람의 존재를 뚜렷이 드러내는 소품입니다. 우리 할머니들이 집에서 아이를 낳던 시절만 해도 산모가 죽는 일이 다반사였기에, 애를 낳으러 방으로 들어가는 여자들은 "내가 저 신을 다시 신을 수 있을까?" 생각하며 댓돌 위에 놓인 고무신을 쳐다봤다고 합니다. 이처럼 영화에서든 현실에서든 신발이란 물건은 예로부터 존재감을 확인하는 상징으로 많이 쓰입니다. 에이즈 치료약을 찾는 여행에서 덱스터의 공포를 덜어 주었던 에릭의 운동화 한 짝, 그리고 나중에 덱스터의 장례식에 참석한 에릭이 덱스터의 구두 한 짝을 들고 나오면서 그 대신 가슴에 올려놓은 운동화 한 짝은 곧 에릭 자신을 상징하는 소도구가 아니었을까요? 그 누구도 함께 갈 수 없는 저승길, 친구가 혼자서도 외롭지 않도록 신발

CINEMA

한 짝을 통해서나마 동행하고 싶어 하는 에릭의 엉뚱하면서도 따뜻한 마음은 오래도록 기억에 남습니다.

2. 에이즈 감염자에 대한 편견으로는 어떤 것들이 있을까요?

길잡이 에이즈의 전파 경로는 감염자와의 성 접촉이나 감염된 혈액, 감염된 주사기나 피어싱 기구 등이라고 알려져 있습니다. 또한 감염자 산모에게서 태어난 아이도 에이즈에 감염됩니다. 하지만 에이즈는 다른 전염병과 달리 음식, 물, 공기, 악수, 포옹, 변기, 목욕탕 등 일상생활을 통해서는 감염되지 않습니다. 지금까지 에이즈 감염자라고 하면 무조건 동성애자나 부적절한 성관계를 한 사람으로 몰아 그들의 인권을 무시해 왔고, 따라서 감염자 스스로도 숨기려고만 드는 음지의 병이 되었습니다. 하지만 이 영화에서는 에이즈가 수혈을 통해서도 감염될 수 있고 공기로는 감염되지 않는다는 사실이 부각됩니다. 에이즈에 대한 편견을 없애려면 먼저 에이즈에 대해 바로 아는 것이 중요합니다. 아울러 우리가 얼마나 많은 마음의 울타리를 치고 모르는 세상에 대한 편견에 가득 차 있는지 한번 환기해 보는 건 어떨까요?

3. 덱스터가 편안하게 죽음을 맞이한 이유는 무엇일까요?

길잡이 항상 다정하면서도 장난스러운 엄마, 진료 시간이 아닐 때도 대화 상대가 되어 주고 카드놀이도 함께해 준 친절한 의사들도 빼놓을 수 없는 요인이었습니다. 하지만 먼저 담을 넘어 성큼 다가온 이후로 항상 무언가를 '함께' 타고 다니며 덱스터를 치료하려 했던 에릭의 존재는 의미하는 바가 큽니다. 에릭은 사탕 식이요법을 시험하던 때엔 덱스터를 슈퍼마켓 카트에 태우고 다니고, 약초를 찾아다닐 때는 함께 고무보트를 타고 노를 저어 갑니다. 치료제를 구하러 뉴올리언스로 향했을 때도 둘은 함께 유람선에 올랐습니다. 이런 동승(同乘)의 모습은 질병의 치료 '결과'를 떠나 영혼의 치유 '과정'을 상징적으로 보여 줍니다. 덱스터가 죽음의 공포에서 벗어날 수 있었던 또 한 가지 중요한 이유는 놀이와 웃음이었습니다. 마지막 순간까지도 에릭은 덱스터의 침대를 놀이기구로 이용하고, 덱스터의 소맷자락을 잡아끌며 놀이에 끌어들여 덱스터를 웃게 만듭니다. 거듭되는 놀이 중에, 덱스터는 힘없이 눈을 감으면서도 다음번 장난에는 어떤 의사 혹은 간호사가 불려 올지 궁금해하며 웃음 짓다가 세상을 떠나갑니다. 이런 '놀이'는, 죽어 가는 덱스터는 물론 친구의 죽음을 지켜보아야 하는 에릭에게도 그 공포를 완화시켜 주는 예행연습이 아니었을까요?

제8요일

원제 Le Huitiéme Jour

감독 자코 반도르말(1996년, 벨기에·프랑스·영국)

등장인물 파스켈 뒤켄(조지), 다니엘 오테이유(아리)

배경 20세기, 프랑스(벨기에)

상영 시간 118분(전체 관람가)

수상 1996년 칸영화제 남우주연상(공동수상), 1998년 부산국제영화제 관객상

신께서 뭐 빠진 게 없나 살펴본 뒤,
조지를 만든 날

〈제8요일〉은 제목부터 수상한 프랑스 영화입니다. 요일은 분명 월화수목금토일 일곱 가지뿐인데 제8요일이라니, 현실에 존재하지 않는 제8요일이란 도대체 어떤 날을 말하는 것일까요? 영화가 시작되면 텔레비전 수상기가 지직거리는 소리와 함께 "태초엔 아무것도 없었다. 들리는 것이라곤 음악뿐……."이라는 대사가 나오고, 다음과 같은 내레이션이 이어집니다.

"신은 첫째 날 태양을 만들고, 둘째 날에 땅과 바다를 만들었다. 셋째 날에 레코드를 만들고, 넷째 날에는 TV를 만들었다. 다섯째 날에는 풀을 만들고, 여섯째 날에 인간을 만들었다. 그리고 일요일에 쉬었다."

이 영화에는 두 명의 주인공이 등장합니다. 한 사람의 이름은 조지, 다운증후군* 환자로 일반인과 외모가 다르고 두뇌 발달도 지체되어 사회와 격리된 한적한 시골 요양원에 살고 있습니다. 혼자 놀기의 달인인 조지는 방 안에 틀어박혀 TV 프로그램을 시청하거나 광고 속 꿈의 나라를 동경합니다. 카세트를 들으며 멕시코 가수 루이스 마리아노의 노래를 따라 부르고, 이따금 간단한 영어 회화를 따라 하기도 합니다.

또 다른 주인공의 이름은 아리, 세일즈맨을 교육하는 대기업 중역으로 일중독자*입니다. 겉보기에는 화려하게 사는 것 같지만 퇴근 후면 홀로 빈집을 지키는 처량한 신세입니다. 비 오는 밤에 울적한 심정으로 차를 몰고 고속도로를 달리던 아리는 실수로 개 한 마리를 치는데, 개의 주인은 다름이 아니라 요양원을 나와서 무턱대고 이정표를 따라 걷던 조지였습니다. 조지는 어머니가 오래전에 돌아가셨다는 사실을 받아들이지 못하고, 어머니를 찾아 예전에 살던 집으로 가는 길이었습니다.

아리는 조지를 보고 당황하지만, 개를 친 미안함 때문에 마지못해 조지를 태우고 조지의 가족을 찾아 나섭니다. 하지만 조지를 맡아 줄 사람은 아무도 없고, 유일한 혈육인 조지의 누나마저 동생을 외면합니다. 아리 역시 조지와 마찬가지로 가족들에게 거부당하는 찬밥 신세입니다. 아리는 조지와 함께 딸의 생일선물을 준비해 헤어진 아내의 집으로 찾아가지만, 과거 그의 행동에 실망했던 가족들은 아리를 만나려 하지 않습니다. 아리는 자신을 홀대하는 아내와

장모에 대한 분노를 참지 못하고 난동을 부립니다.

조지는 가족에게 난폭한 행동을 하는 아리를 가까스로 진정시켜 떠납니다. 그러고는 절망에 빠진 아리를 달래어 마침내 웃게 합니다. 신체의 장애를 가진 조지가 마음의 장애를 지닌 아리를 위로하는 셈입니다.

영화 중반부터는 과연 누가 장애인인지, 누가 보호자인지 헷갈리기 시작합니다. 나이도 어리고 지능도 떨어지고 감정 표현도 미숙한 조지가 오히려 아리를 진정시키고 그의 상처를 어루만져 주며 무엇보다 웃게 만들어 줍니다. 그리고 "좋은 사람이지만 그에겐 책임져야 할 스스로의 인생이 있단다."라는 꿈속 어머니의 충고대로, 조지는 아리에게 가족사진을 쥐여 주고 떠납니다. 그리고 마침내 가족과 화해하고 행복해하는 아리의 모습을 멀리서 지켜봅니다. 이처럼 조지가 아리를 배려하는 장면들은 몇 번을 보아도 눈시울을 적시게 합니다.

조지와 아리가 나무 아래에서 딱 일 분만 말없이 있자며 나란히 누워 휴식을 취하는 장면은 이 영화의 백미입니다. 마치 하늘에 흘러가는 구름이 둘을 내려다보듯 부감으로 찍은 정지 화면은 영화

속 일 분을 실시간으로 포착해 냅니다. 배경음악도 없이 오직 풀벌레 소리만 들려오는 일 분은 조지와 아리가 침묵 속에서 서로를 물들이는 그들만의 시간이며, 관객 입장에서도 장애와 비장애에 대한 고정관념의 경계를 무너뜨리는 순간입니다.

조지와 아리는 각자 일상으로 돌아가서도 서로를 그리워하며 닮아 가는 자신을 발견합니다. 영화의 마지막에는 처음과 비슷하면서도 조금 다른 내레이션이 나오는데, 내레이터의 목소리 또한 조지가 아닌 아리로 바뀌어 있습니다.

“태초엔 아무것도 없었다. 들리는 것이라곤 음악뿐. 첫째 날 신은 태양을 만들었다. 태양은 눈이 부시다. 둘째 날 신은 바다를 만들었다. 바다는 발을 적신다. 바람이 간지럼을 태운다. 셋째 날 신은 풀을 만들었다. 풀은 잘릴 때 운다. 그럴 땐 다정한 말로 달래 주어야 한다. 넷째 날 신은 소를 만들었다. 소가 숨 쉴 땐 뜨거운 김이 나온다. 다섯째 날 신은 비행기를 만들었다. 비행기를 타고 있지 않을 때면 날아가는 모습을 볼 수 있다. 여섯째 날 신은 인간을 만들었다. 남자, 여자, 아이들. 뽀뽀할 때 따갑지 않아서 난 여자와 아이들이 좋다. 일곱째 날 쉬어 가기 위해 신은 구름을 만들었다. 한참을 보고 있으면 구름 속에 이야기가 보인다. 뭐 빠진 게 없나 생각한 뒤 여덟째 날 신은 조지를 만들었는데 보기에 참 좋았더라."

위의 대사를 보면 '제8요일'이란 이름은 조지가 창조된 날일 뿐만 아니라, 조지와의 만남을 통해 맑은 영혼을 회복하고 다시 태어난 아리의 모습을 두고 붙여진 것은 아닐까 하는 생각이 듭니다.

1. 다운증후군

21번 염색체가 하나 더 있을 때 생기는 선천적 질환입니다. 지적장애를 동반하며 낮은 코, 작은 눈, 벌어진 미간 등 외모로도 판별이 가능합니다. 19세기 서양에선 동양인과 닮았다고 몽골증(Mongolism)이라 칭했습니다. 이는 조지와 다투던 아리가 '몽골놈'이라고 욕하는 장면에 반영되어 있습니다. 봉사심과 인내심이 강하며 낙천적인 성격이 많다고 합니다. 한국 영화 〈다섯 개의 시선〉 중 '언니가 이해하셔야 돼요'(박경희, 2005)에는 다운증후군인 정은혜 씨가 실명으로 출연했습니다.

2. 일중독자workaholic

일중독이란 업무 스트레스를 잘 관리하지 못할 때 생기는 현대의 '사회적 성인병'입니다. 정신과 의사이자 영화평론가인 김상준 박사는 『신화로 영화읽기 영화로 인간읽기』(세종서적, 1999)라는 책에서 "일중독자란 내면의 욕구보다는 사회적 욕구에 더 많은 관심을 기울이는 자들이며, 현대 사회가 이를 부추기는 경향이 있다."고 진단했습니다. 조지를 만나기 전의 아리가 출근길 차 안에서 노숙자와 청소부를 대하는 불친절한 행동, 가족과 겪는 불화 등은 일중독자의 전형적인 모습입니다.

함께 나눌 이야기

1. 교회에 다니는 사람이라면 금방 알아차리겠지만, 〈제8요일〉에 나오는 내레이션은 구약성서의 「창세기」와는 내용이 조금 다릅니다. 왜 그럴까요? 그리고 첫 장면과 마지막 장면의 내레이션이 다른 이유를 이해할 수 있나요?

길잡이 마치 데칼코마니처럼, 영화 도입부 조지의 대사는 결말에서 다시 아리의 목소리로 뒤집혀 나옵니다. 이 대사들은 성경 내용을 조지와 아리의 입장에서 각각 주변 사물들과 상상의 세계를 대입시켜 패러디한 것들입니다. 앞부분에서 조지의 일상에 익숙한 사물들(레코드, TV 등 정적인 이미지)로 성경 속 창조물을 대치했듯이 뒷부분에서는 아리의 일상에 등장하는 사물들(어린아이, 소, 비행기 등 동적인 이미지)이 대입되고, 조지에 대한 아리의 애정과 감사를 표현하기 위해 '제8요일에 신은 조지를 만들었으며 그를 보고 흡족해했다'는 내용을 덧붙인 것이지요.

2. 영화의 처음과 끝 부분, 그리고 조지의 환상 속에 등장하는 무당벌레는 무엇을 상징할까요?

3. 조지가 누나의 집에 찾아갔을 때, 그리고 아리의 집에 찾아갔을 때에도 어른들과 달리 아이들은 모두 조지를 좋아합니다. 왜 그럴까요?

길잡이 조지는 아이들과 놀기를 좋아합니다. 다운증후군 환자라서 아이들과 비슷한 정신연령을 지니고 있다는 이유도 있지만, 무엇보다도 아이들은 어른들만큼 편견이 많지 않기에 가능한 일이라 생각됩니다. 대부분의 어른들은 자신의 나이테만큼 많은 편견을 쌓고 그 안에 갇혀 있습니다. 이는 카페에서 조지가 건넨 선물을 흔쾌히 받았다가, 조지가 선글라스를 벗고 인사한 후에야 다운증후군 환자임을 알아차리고 당황해 도망치는 종업원의 모습에서도 드러납니다. 소수자에 대한 편견이란 통념이나 관습, 그리고 매체에 의해 후천적으로 학습되는 것이 아닐까요? EBS 〈삼색토크〉의 소수자에 대한 토론에서 배우 홍석천 씨가 "앞으로 〈뽀뽀뽀〉 같은 어린이 프로에 예쁜 아이들뿐만이 아니라 몸이 불편한 아이나 개성 있게 생긴 아이들이 나와야 한다."고 말한 것을 듣고 무릎을 친 적이 있습니다. 방송이나 영화 같은 전파 매체는 사회규범을 학습하는 간접경험의 장으로 흔히 편견을 재생산하지만, 역으로 편견을 무너뜨리는 데 효과적인 수단이 될 수도 있기 때문입니다. 외국에서는 〈기적의 가비〉(루이스 만도키, 1987), 〈토토의 천국〉(자코 반도르말, 1991), 〈킹덤〉

(라르스 폰 트리에르, 1997) 등에 장애인이 출연했습니다. 한국에서는 〈고양이를 부탁해〉(정재은, 2001), 〈여섯 개의 시선〉 중 '대륙횡단'(여균동, 2003), 〈다섯 개의 시선〉 중 '언니가 이해하셔야 돼요'(박경희, 2005)에 실제 장애인 배우가 등장했습니다.

푸줏간 소년

원제 The Butcher Boy
감독 닐 조던(1997년, 아일랜드·미국)
등장인물 에이먼 오언스(프랜시), 스티븐 레이(아버지), 피오나 쇼(누전트 부인), 앨런 보일(조)
배경 1960년대, 아일랜드
상영 시간 110분(15세 관람가)
수상 1998년 베를린영화제 감독상

애 하나 망치는 데 온 마을이 다 동원된다?

〈푸줏간 소년〉으로 1998년 베를린영화제 감독상을 수상한 닐 조던은 〈마이클 콜린스〉(1996), 〈크라잉 게임〉(1992), 〈뱀파이어와의 인터뷰〉(1994) 등을 연출한 사회 비판적 성향의 감독으로, 이 영화에서도 조국 아일랜드의 현실을 우회적으로 드러내고 있습니다. 영화의 배경이 된 달력 속 그림 같은 아일랜드 시골 마을은 원작자 맥케이브의 고향이고, 실제 마을 주민 400여 명이 엑스트라로 등장해 화제가 되기도 했습니다. 하지만 영화 초반부의 평화로운 풍경은, 걷잡을 수 없는 광기로 치닫는 주인공 프랜시의 끔찍한 행동과 대조를 이루며 관객의 가슴을 아프게 후빕니다. 파리 인간, 메뚜기 외계인 등 프랜시의 상상 속에 나타나는 그로테스크한 장면들은 사회파 감독인 동시에 영상파 감독이라고 도 불리는 닐 조던의 개성을 유감없이 보여 줍니다.

1960년대 초 아일랜드의 작은 시골 마을. 주인공 프랜시 브랜디는 알코올 의존자인 아버지와, 우울증 환자이고 남편의 학대로 늘 자살을 꿈꾸는 어머니 밑에서 자랍니다. 프랜시는 부모의 불화에 익숙하다 못해 오히려 부모를 불쌍하게 여기는 애어른입니다. 열세 살 소년 프랜시의 버팀목이라고는 그때만 해도 정다워 보였던 부모의 신혼여행 사진, 그리고 하나뿐인 단짝 친구 조와의 우정뿐입니다. TV가 잘 나오지 않는다는 이유로 폭력을 휘두르는 아버지를 피해 프랜시가 이웃 마을로 가출한 사이 어머니는 자살을 합니다.

한편 잉글랜드에서 이사 온 누전트 부인은 상류층 티를 내는 교만한 성격의 소유자로, 늘 프랜시를 '돼지'라고 부르며 프랜시의 부모님까지 모욕합니다. 프랜시는 누전트 부인의 집에 들어가 거실을 난장판으로 만들고 카펫에 '큰일'을 보는 등 정말 돼지처럼 행동합니다. 이 일로 프랜시는 성당에서 운영하는 감화원에 수용되지만 그곳에서도 '감화'되지 못하고, 오히려 소아성애자인 신부에게 충격적인 일을 당합니다.

그러던 어느 날, 조에게서 누전트 부인의 아들 필립과 친해지고 있다는 편지가 날아오자 프랜시는 돌연 열병을 앓고 성모 마리아의 환상을 보기도 합니다. 이후 프랜시는 신부의 성희롱을 발설하지 않는다는 조건으로 풀려나 푸줏간에 일자리를 얻고, 말 그대로 '푸줏간 소년'이 되면서 푸줏간 밖의 평범한 소년들과는 점점 멀어집니다.

아버지마저 세상을 뜬 뒤, 프랜시는 사진 한 장을 들고 부모의 추억을 좇아 신혼 여행지를 찾아갑니다. 부모의 사진이 걸려 있는 한 모텔에서 프랜시는 자신이 품고 다니던 다정한 신혼 사진은 순간의 의례적인 연출일 뿐이었으며, 신혼 초부터 어머니가 아버지에게 구타를 당했다는 사실을 알게 됩니다. 우연히 맞닥뜨리게 된 부모님의 씁쓸한 과거와 유일한 친구라 믿었던 조의 배신, 그것도 하필이면 누전트 부인에 의해 유도된 배신은 프랜시를 절망에 빠뜨립니다.

세상에 대해 기대할 것도 놀랄 것도 별로 없다고 여겼던 냉소적인 프랜시였지만 정말로 더 이상 믿을 게 없다고 생각한 순간, 내면에 눌러 왔던 광기가 폭발 일보 직전으로 치달아 오릅니다. 평소에도 소외감에 내몰릴 때마다 TV를 보며 공상에 빠지던 프랜시는 TV 속의 핵폭발 이미지에 붙들린 채 환상과 현실을 구분하지 못하고 분열 상태로 빠져듭니다. 게다가 고통에 젖어들 때마다 나타나는 성모 마리아의 환영으로 인해 더욱 정신착란에 휩싸입니다.

거대한 메뚜기 형상을 한 외계인들은 1960년대 쿠바 미사일 위기* 의 원흉으로 규탄받은 '빨갱이'들과 동일시되고, 나아가 평소 자신을

괴롭혀 왔던 누전트 부인과 겹쳐집니다. 마침내 프랜시는 외계인에서 빨갱이, 빨갱이에서 누진드 부인으로 이어지는 일련의 악한 무리들을 응징하기 위해 식칼을 집어 듭니다.

사건이 있은 지 수십 년 후, 후줄근한 아저씨 차림으로 쭈뼛쭈뼛 교도소를 나서는 프랜시에게 성모 마리아의 환영이 또 나타납니다. 사십 대의 성인이 된 프랜시는 "아줌마! 아직도 나 같은 놈에게 말이나 걸면서 지내세요?" 하며 이죽거리지만 성모 마리아는 은근한 미소를 지으며 작은 꽃 한 송이를 건넵니다. "하느님은 누구나 사랑하신단다. 특히 너를." 사랑한다는 말, 그 한마디를 현실의 누군가에게서 조금만 더 일찍 들었다면 프랜시는 과연 어떤 어른이 되어 있었을까요?

또 하나 이 영화에서 주목해 볼 것은 내레이션의 형식입니다. 성장 영화에서 흔히 보아 왔던 회상조의 담담한 내레이션 대신, 〈푸줏간 소년〉은 성인이 된 프랜시의 음성으로 시종 짓궂게 이죽거리며 악동이었던 과거의 프랜시와 장난하듯 대화를 나눕니다. 아버지

의 폭력과 어머니의 자살, 자신이 겪었던 성희롱, 걷잡을 수 없는 광기와 살인 등 일상적이지 않은 사건을 담아내는 화면 위로 흐르는 냉소적 내레이션은 브레히트의 연극에서 유래된 소격효과*를 연상케 합니다.

〈푸줏간 소년〉은 일견 〈인생은 아름다워〉(로베르토 베니니, 1997)와 마찬가지로 희극적 어법을 통해 비극적 현실을 드러내는 것 같지만, 내레이션과 화면의 톤을 비교해 보면 전혀 다른 울림이 느껴지는 영화입니다. 이 외에도 어른들의 부도덕한 욕망과 권력에 의해 희생되는 청소년들의 모습을 그려 낸 영화로는 〈프라이멀 피어〉(그레고리 호블릿, 1996), 〈나쁜 교육〉(페드로 알모도바르, 2004) 등이 있습니다.

1. 쿠바 미사일 위기

1961년부터 미국의 압력을 받은 쿠바 혁명정부는 1962년 9월 소련과 무기원조 협정을 체결하여 핵미사일을 도입하려 했습니다. 케네디 대통령은 소련이 서반구에 핵공격을 가할 기지를 쿠바에 건설 중이라며, 쿠바에 대한 해상봉쇄조치를 요구했습니다. 소련은 미국이 터키 미사일 기지에서 떠난다면 자기들도 철수하겠다고 제안했지만, 이는 받아들여지지 않았습니다. 그러나 흐루시초프 수상이 미사일 철수를 명령하고 쿠바로 향하던 선단을 회항시킴으로써 상황은 극적으로 타개되었습니다. 이를 계기로 1963년 미·소간 긴급연락선이 개설되고, 부분적 핵실험 금지 조약인 모스크바 조약이 체결되었습니다. 〈D-13〉(로저 도널드슨, 2000)은 이 사건을 소재로 한 영화입니다.

2. 소격효과

독일의 극작가 브레히트가 창안한 개념으로 '거리두기' '낯설게 하기'라고도 합니다. 관객은 감정이입이 차단되어 극과 현실을 냉정히 구별하고, 극에 묘사된 현실 세계를 더욱 명확히 인식하여 판단하게 됩니다. 관객에게 카타르시스를 주고 극의 내용과 감정적으로 일치되게 하는 아리스토텔레스의 연극론과 대립됩니다.

함께 나눌 이야기

1. 보통 아이들과는 다른 행동 때문에 문제아 취급을 당하는 프랜시와, 그를 문제아로 취급하는 누전트 부인, 이 둘 중 누가 더 문제가 있는 것일지 생각해 보세요.

길잡이 〈푸줏간 소년〉이 개봉될 즈음, 미국 영부인이었던 힐러리 로댐 클린턴의 교육학 저서가 출간된 바 있습니다. 남편이 성 추문으로 연일 매스컴의 주목을 받는 상황에도 힐러리는 끄떡없이 자신의 정치적 입지를 굳히고 책까지 펴낸 것이지요. 책 제목은 『아이 하나를 키우는 데에는 온 마을이 다 필요하다』였습니다. 아이는 가족뿐 아니라 학교 선생님, 친구, 동네 어른 등 주변인들로부터 영향을 받고 또 그들의 평판에 예민하다는 것입니다. 문제아 뒤에는 늘 문제 어른이 있다던가요? 힐러리의 책 제목대로라면, 영화에서 처벌받아야 할 진짜 죄인, 적어도 공범자는 주인공 소년이 아니라 주변의 어른들이 아닐까 하는 생각이 듭니다. 아이에게 봉변당했다는 이유로 청부 폭력배를 동원하는 누전트 부인이나 힘없고 의지할 곳 없는 소년을 성 노리개로 삼는 고위 성직자, 일자리를 미끼로 추문을 숨기도록 강요하고 수도원 당국이나 누전트 부인의 사주로 프랜시를 왕따시키는 기숙사 사감 같은 어른들 말입니다.

CINEMA

2. 누전트 부인이 왜 프랜시와 동네 사람들에게 거만하게 대했는지 이해할 수 있나요?

길잡이 누전트 부인의 행동은 아일랜드의 역사적·사회적 상황과도 깊은 관련이 있습니다. 아일랜드 국기인 삼색기 왼편의 초록은 아일랜드계인 켈트족과 구교를 의미하고, 오른편의 주황은 잉글랜드계인 앵글로색슨족과 신교를 의미합니다. 가운데의 흰색은 이 두 민족의 화합을 상징하지요. 하지만 국기에 표현된 이상과는 달리, 아일랜드는 원주민과 나중에 유입된 잉글랜드인 간의 대립과 반목이 심하기로 유명합니다. 이들의 갈등은 닐 조던의〈크라잉 게임〉(1992), 〈마이클 콜린스〉(1996)와 폴 그린그래스의 〈블러디 선데이〉(2002) 같은 영화에도 잘 나타나 있습니다. 누전트 부인은 잉글랜드 출신으로 민족적 우월감을 가진 한편, 혼자 아이를 키워야 하는 여성의 처지였기에 타인을 배제하고 거리를 두어 자신을 보호하려는 강박을 지녔던 것 같습니다. 사회적 약자가 오히려 다른 이들을 경계하고 무시하는 일례로 볼 수 있겠습니다.

중앙역

원제 Central do Brasil

감독 바우테르 살리스(1998년, 브라질·프랑스)

등장인물 페르난다 몬테네그로(도라), 비니시우스 지올리베이라(조슈에)

배경 20세기, 브라질

상영 시간 113분(15세 관람가)

수상 1998년 베를린영화제 최우수작품상·여우주연상, 1998년 부산국제영화제 오픈시네마 초청작

나이를 뛰어넘어
미움이 우정으로 승화되는 '길'

〈중앙역〉은 우리에겐 아직 낯선 나라 브라질의 모습을 보여 주는 영화입니다. 이 영화를 만든 바우테르 살리스는 오랫동안 다큐멘터리를 찍어 온 감독답게, 리우데자네이루 중앙역 주변의 지저분한 뒷골목과 그곳에서 살아가는 가난한 사람들의 생활상을 있는 그대로 보여 주어 많은 사람들의 공감을 얻었습니다. 주인공 도라 역의 페르난다 몬테네그로는 아카데미 여우주연상을 수상할 만큼 연기력을 인정받은 브라질의 국민 배우이지만, 조슈에 역을 포함하여 대부분의 출연자들은 실제 중앙역을 지나다니던 보통 사람들이었다고 합니다.

중앙역 한구석에 삐걱거리는 책상을 놓고 앉아 있는 여인의 이름

은 도라. 예전엔 학교 선생님이었으나, 현재는 문맹자들을 위해 편지를 대필하는 일로 생계를 꾸려 나가고 있습니다. 방탕한 아들을 용서하겠다는 아버지, 지난밤 함께했던 연인을 그리워하는 청년, 이들이 아빠를 보고 싶어 한다는 말로 남편에 대한 그리움을 감추는 여인 등 도라가 무뚝뚝한 표정으로 받아 적는 사연들은 애절합니다.

하지만 도라는 편지들을 부치지 않습니다. 이런 청승맞은 편지는 전해 봤자 서로에게 도움이 안 된다고 생각해서입니다. 그러던 어느 날, 한 모자가 떨어져 사는 아빠에게 부칠 편지를 쓰기 위해 도라를 찾아옵니다. 엄마는 아빠를 원망하는 듯하면서도 내심 그리워하는 마음을 진지하게 이야기하지만, 아이는 책상 위에서 팽이를 돌리며 도라의 신경을 거스릅니다. 그러고는 다음 날 다시 와 편지를 수정해 달라 부탁하는 엄마 곁에서 "돈만 받고 안 부치면 어떡해?"라는 맹랑한 말을 던져 도라에게 강한 인상을 남깁니다.

역에서 나와 길을 건너던 조슈에는 팽이를 떨어뜨립니다. 팽이를 집으러 가는 조슈에를 쫓던 엄마는 대형 버스에 치이고 맙니다. 안타깝게도 엄마는 즉사하고, 고아가 된 조슈에는 도라에게 달려와 아빠에게 다시 편지를 써 달라고 조르지만 돈이 없는 조슈에를 도라는 냉정히 거절합니다. 다음 날 역 구내 바닥에서 자고 있는 조슈에를 보고, 소매치기와 총기 사고 등 역에서 벌어지는 온갖 일들에 불안해진 도라는 조슈에를 자신의 집으로 데려옵니다.

하지만 조슈에는 사사건건 도라에게 대들기만 합니다. 게다가 서랍 가득 쌓인 부치지 않은 편지들을 발견하고 도라를 비난합니다. 도라는 조슈에를 입양 기관에 맡기러 가지만, 그곳의 정체가 장기 밀매소임을 뒤늦게 알아차리고 극적으로 조슈에를 데리고 도망칩니다. 미안한 마음에 도라는 편지의 주소를 찾아 조슈에를 아빠에게 데려다주기로 결심합니다. 거친 모래바람이 부는 거리에 내던져진 두 사람의 행로를 따라, 영화는 본격적인 로드 무비*로 전환됩니다.

조슈에와 도라는 휴게소에서 잠시 내렸다 버스를 놓친 데다 가방마저 버스에 두고 내려 차비 한 푼 없는 신세가 되지만, 다행히 인상 좋은 트럭 운전사를 만나 잠시 동행합니다. 하지만 또다시 두 사람은 길에 버려지고, 차비 대신 시계를 끌러 주고 다른 트럭 짐칸에 자리를 얻습니다. 둘 다 아버지에 대한 상처를 품고 있어서일까요? 아니면 한마디 말도 없이 그들을 짐짝처럼 떨구고 떠난 트럭 운전사에 대한 배신감을 나누었기 때문일까요? 서로에 대한 미움은 점차 믿음으로 변해 가고, 고단한 여정은 나이를 뛰어넘어 두 사람을 하나로 묶습니다.

하지만 피곤에 지친 도라가 무심코 "네 부모가 너를 낳은 건 실수다."라고 내뱉자 상처받은 조슈에는 군중 사이로 뛰쳐나갑니다. 당황한 도라는 성급히 조슈에를 찾아 나서고, 군중의 모습이 360도 패닝* 기법으로 빠르게 지나갑니다. 다행히 재회한 둘은 마을 사람들이 성 시스로 상 앞에서 소원을 비는 것을 목격하고, 조슈에는 도라에게 소원 대필 사업을 제안합니다. 둘은 지나가는 사람들을 불러 모아 소원을 대신 써 주면서 순식간에 많은 돈을 법니다. 동업을 하며 더욱 가까워진 조슈에와 도라는 성 시스로 상 앞에서 함께 기념사진을 찍습니다. 그리고 조슈에의 아빠를 찾아 다시 발걸음을 옮깁니다.

물어물어 찾아간 곳엔 아빠는 없고, 조슈에의 이복형제로 보이는 두 형만이 살고 있을 뿐입니다. 아빠와 마찬가지로 목수인 형들은 조슈에를 제재소에 데리고 가 나무 팽이를 만들어 줍니다. 거실엔 조슈에 엄마와 아빠가 함께 찍은 사진이 있습니다. 큰형은 도라에게 그동안 아빠가 보관해 온 편지 한 통을 읽어 달라 부탁합니다. 세 형제 앞에서 아빠가 육 개월 전 조슈에의 엄마에게 부치려던 편지를 읽는 도라. 주된 내용은 가족 다섯 명이 함께 모여 살자는 것

입니다. 조슈에는 도라가 읽어 주는 편지 내용을 곧이곧대로 믿진 않지만, 아빠가 엄마를 사랑했다는 사실만으로도 흡족하게 미소를 짓습니다.

어둠이 채 가시지 않은 새벽, 도라는 잠든 조슈에를 남겨 두고 몰래 떠납니다. 거실에 있는 사진 밑에, 조슈에 아빠가 엄마에게 부치려 했던 편지와 조슈에 엄마가 아빠에게 부치려 했던 편지 두 통을 나란히 놓고 버스에 탑니다. 그러고서 조슈에에게 보낼 도라의 편지가 내레이션으로 흘러 나옵니다. "난 오랫동안 부치지 않을 편지만 써 왔다. 하지만 이 편지는 꼭 부친다고 약속하마. 아빠는 네 말대로 꼭 돌아오실 거야. 너는 나보다 형들과 있는 게 더 행복할 것 같다. 날 기억하고 싶을 땐 우리의 작은 사진을 꺼내 보렴." 그리고 이런 말을 덧붙입니다. "나도 나의 아빠가 보고 싶구나! 조슈에, 그리운 게 너무 많아!"

1. 로드 무비 road movie

말 그대로 길에서 벌어지는 영화입니다. 주인공들은 일단 목적지를 향해 떠나지만, 목적지에는 아무것도 없는 경우가 대부분입니다. 여행 과정에서 느끼는 교감, 혹은 동행 자체가 희망이라는 것입니다. 〈오즈의 마법사〉(빅터 플레밍, 1939), 〈여인의 향기〉(마틴 브레스트, 1992), 〈델마와 루이스〉(리들리 스콧, 1993), 〈모터사이클 다이어리〉(바우테르 살리스, 2004)나 한국 영화 〈세상 밖으로〉(여균동, 1994), 〈길〉(배창호, 2004) 등을 로드 무비로 볼 수 있습니다.

2. 패닝 panning

도라는 조슈에를 찾아 헤메다가 기도의 방으로 들어가고, 기도하는 사람들과 수많은 사진, 촛불을 보며 아득하게 정신을 잃습니다. 이 장면에서 360도 패닝 기법이 쓰였습니다. 패닝이란 파노라마(panorama)에서 유래한 말로, 카메라를 수평으로 움직이며 촬영하는 것을 칭합니다. 수평 패닝 기법은 주변 정황을 훑을 때 사용되며, 360도 패닝 기법은 인물의 불안정하고 아찔한 심리를 표현할 때 쓰입니다.

함께 나눌 이야기

1. 조슈에가 갖고 놀던 팽이는 무엇을 상징할까요?

길잡이 조슈에에게 팽이는 장난감 이상의 의미를 지닙니다. 조슈에는 중앙역에서 떨어뜨린 팽이를 집으러 가다 엄마를 잃고, 아빠를 찾아 나선 길에서는 팽이를 매개로 이복형과 마음이 통하게 됩니다. 팽이는 조슈에의 불행과 행복이 교차되는 실마리이자 어떻게 돌아갈지 모르는 조슈에의 운명을 보여 주는 물건으로 보입니다. 또 혼자서도 팽그르르 잘 돌아가는 모습을 보자면, 조슈에 자신을 대변하는 상징물로도 비쳐집니다.

2. 축제 때 소원 빌기 대필 사업을 함께하며 가까워진 조슈에와 도라는 성 시스로 상 앞에서 사진을 찍습니다. 두 사람은 어떤 소원을 빌었을까요?

3. 조슈에 몰래 떠나간 도라가 편지를 남긴 이유는 무엇일까요?

길잡이 조슈에가 꿈에 그리던 아빠는 만날 수 없었지만, 조슈에를 보자마자 말장난을 거는 큰형의 여유 있고 다정한 모습을 보고 도라는 안심한 것 같습니다. 처음엔 뚱해 보였지만 작업실에 들어가 팽이를 만들어 주고 조슈에와 함께 축구공을 차는 둘째 형을 지켜보고서 도라는, 조슈에가 앞으로 형들과 사는 것이 더 행복할 거라는 생각을 굳힌 듯합니다. 여행 막바지에 조슈에와 함께 돌아가기로 결심한 터였지만, 결국 자신보다는 조슈에의 입장을 배려해서 혼자 몰래 떠나 버린 것일 테지요. 조슈에의 아버지를 찾아 떠난 여행길은 도라에게도 헛되지만은 않았던 것으로 보입니다. 도라는 그제서야 '보고 싶은 게 너무 많다.'며 아버지에 대한 그리움을 솔직하게 끄집어내고 어릴 적 상처를 보듬었으니까요. 게다가 이제껏 남의 편지만 대필해 주던 도라가 처음으로 자필 편지를 썼고, 도라의 말대로라면 그 편지는 조슈에에게 부쳐졌을 테니까요. 도라의 편지는 조슈에에게 전하는 이야기이자, 동시에 자기 자신을 사랑하게 된 도라가 스스로에게 전하는 독백은 아닐까 합니다.

키리쿠와 마녀

원제 Kirikou et la Sorciére
감독 미셸 오슬로(1998년, 프랑스)
등장인물 키리쿠, 마녀 카라바, 키리쿠의 삼촌, 할아버지, 마을 사람들
배경 연대 미상, 아프리카
상영 시간 75분(전체 관람가)
수상 1999년 안시국제애니메이션페스티벌 대상

문제 해결은 '왜?'라는 물음에서부터……

우리 사회에는 아직도 빈부·학력·외모와 관련하여 버려야 할 고정관념들이 많이 있습니다. 고정관념은 근시안적인 생각에서 비롯되는 것으로, 타인뿐 아니라 자기 자신까지 편견 안에 가두어 양쪽 모두를 두 번 죽이는 일임을 잊지 말아야겠습니다. 차이와 다름에 대해 "그게 뭐 어때서?" 하고 담담하게 받아들이는 것은, 타인의 주체적인 삶을 존중하고, 동시에 자신의 능동적인 삶을 획득하기 위해서도 꼭 필요한 자세입니다.

〈키리쿠와 마녀〉는 실루엣 애니메이션* 〈프린스 앤 프린세스〉(1999)를 만든 미셸 오슬로 감독의 전작으로, 내용에 몰입하다 보면 고정관념이 와르르 무너지는 마법의 주문 같은 애니메이션입니다. 영웅

키리쿠와 마녀 카라바의 캐릭터가 이분법적 선악 구도가 아니라는 점도 흥미롭습니다. 마녀를 무조건 나쁘다고 몰아붙이거나 제거해야 할 '악의 축'으로 설정하지 않았다는 점, 사실은 그 마녀 또한 마을의 희생자였다는 점을 환기시키고 적의 고통까지 감싸 안는다는 점이 매우 독특한 작품입니다.

"엄마, 어서 저를 낳아 주세요." 아이가 간청하자 엄마는 배에 손을 얹고 담담하게 대답합니다. "엄마 배 속에서 말을 하는 아이는 스스로 태어날 수 있단다."

이윽고 아이는 스스로 걸어 나와 "내 이름은 키리쿠!"라고 외칩니다. 타악기 중심의 아프리카 음악이 흥을 돋우는 가운데 마을 사람들이 등장합니다. 머리 모양은 각자 다르지만 어른들은 모두 상반신을 드러냈고, 키리쿠를 포함한 아이들은 모두 벌거숭이입니다. 그렇다면 마녀의 모습은 어떨까요? 〈프린스 앤 프린세스〉의 더벅머리 마녀와는 달리, 이 영화 속의 마녀는 화려한 에메랄드빛 실크 옷과 보석으로 온몸을 감싸고 있습니다.

키리쿠의 주먹만 한 몸집 때문에 어른들은 그를 피하고, 아이들은 그를 따돌립니다. 하지만 이처럼 몸이 작은 덕분에 마

녀에게 잡혀갈 뻔한 아이들을 구해 내고, 저주받은 샘에 들어가 샘물을 되찾습니다. 그제야 사람들은 "용감한 키리쿠는 작아도 우리의 친구!"라며 환호합니다. 하지만 춤추며 노래하는 사람들은 할아버지와 키리쿠의 삼촌을 제외하곤 아이들과 여자들뿐입니다. 마녀가 마을의 남자들을 모두 잡아가 버렸기 때문입니다.

"왜 마녀는 그렇게 못된 짓을 하는 거죠?" 키리쿠는 궁금증을 참을 수 없어 마을을 돌아다니며 "왜?" "왜?" 하고 묻습니다. 하지만 돌아오는 대답은 "그냥." "원래부터 그러니까." 한결같기만 합니다. 호기심 많은 키리쿠가 이런 판에 박힌 대답에 만족할 리 없습니다. 어른들이 모두 제대로 대답해 주지 못하자 키리쿠는 엄마에게 와서 묻습니다. "그런데 마녀는 왜 못된 거죠? 왜 그리 심술궂죠?" 그러자 엄마는 "어디 심술궂은 게 마녀뿐이든?" 하고 참으로 담담하게 대답합니다.

마녀에 대한 의문과 호기심을 떨칠 수 없는 키리쿠는 답을 얻기 위해 먼 길을 떠납니다. 모험 중 스컹크, 멧돼지, 뱀 등과 맞닥뜨리지만 지혜로 물리칠 뿐 그들을 죽이지 않는다는 점 또한 눈여겨볼 만합니다. 자신을 방해하고 공격하던 새와 멧돼지를 이용해 오히려 더 빠르게 목적지에 도달한 키리쿠는 지혜로운 할아버지를 만나 마녀에 대한 비밀을 듣습니다. 그리하여 먼 옛날 마을 남자들이 마녀의 등에 가시를 박고 집단 폭행을 가했다는 것, 또 마녀에 대한 사람들 생각이 왜곡되었다는 것을 알게 됩니다. 키리쿠는 직접 마녀의 가시를 뽑아 주기로 결심하고 필사적으로 마녀의 등에 올라가 입으

로 가시를 빼냅니다. 다음 순간 마녀 카라바는 수줍은 처녀로 변하고, 그녀의 입맞춤을 받은 키리쿠는 건장한 청년으로 변신합니다.

카라바와 키리쿠가 함께 마을로 돌아오자, 편견과 미움으로 가득한 마을 사람들은 그들을 받아들이려 하지 않습니다. 사람들은 마녀의 편을 드는 키리쿠도 평소부터 하는 짓이 마법사 같았다고 수군거리며 두 사람을 공격하려 합니다. 죽은 줄만 알았던 마을 남자들이 저 멀리서 지혜로운 할아버지와 함께 나타나고, 할아버지가 "용서할 줄 알아야지! 키리쿠는 거짓말을 하지 않아!"라고 꾸짖은 연후에야 사람들은 잠잠해집니다. 마녀가 저주를 걸어 자신에게 복종하도록 만들었던 물신(物臣)들이 사람으로 돌아와 가족들 품에 안기자, 키리쿠와 카라바도 안도의 숨을 내쉬며 서로를 포옹합니다.

용감하지만 잔인하지 않고, 지혜롭고 정의로우면서 용서할 줄 아는 자세. 이 작품이 빛을 발하는 이유는 무엇보다 증오와 분노의 감정을 넘어서 '사악'하고 '추악'한 마녀조차 감싸 안는 톨레랑스* 정신에 있지 않을까 싶습니다. 편견에 사로잡힌 마을 어른들과 달리 "왜?"라는 질문을 끊임없이 던지며 문제를 풀어 가려는 키리쿠의 모습은 시사하는 바가 큽니다. 문제를 해결하기 위해선 눈앞의 현상에 분노하기보다는 그 원인부터 알아보아야 한다는 점을 일깨워 주기 때문입니다. 누군가가 나를 괴롭히거나 헐뜯을 때 그 행동에 즉각적으로 반응하기보다는, 왜 그렇게 행동하는지 이유를 찾아보려고 노력을 해야 진정으로 상대를 이해하고 내가 받은 상처를 치유할 수 있지 않을까요?

1. 실루엣 애니메이션silhouette animation

사물의 윤곽선만을 통해 움직임을 표현하는 애니메이션 기법입니다. 빛이 투과되는 배경에 관절을 움직일 수 있는 인형을 올려놓고 조금씩 움직임을 바꾸며 한 프레임씩 촬영하여 이어 붙인 것입니다. 〈키리쿠와 마녀〉에서는, 키리쿠가 마녀의 성을 지나갈 때 땅굴을 파고 다람쥐와 만나는 장면과 단순하고 명쾌하게 키리쿠의 움직임을 표현한 엔딩 크레디트에서 실루엣 애니메이션의 느낌을 맛볼 수 있습니다.

2. 톨레랑스tolerance

'견디다, 참다'라는 뜻의 라틴어 'tolerare'에서 유래한 말입니다. 유럽에서는 16세기 종교개혁 이후 교리에 대한 해석이 다르다고 박해해선 안 된다는 사고방식이 퍼졌습니다. 처음엔 단순히 종교에 대한 군주의 태도를 가리켰지만, 점점 타인에 대한 자세를 가리키는 뜻으로 확산되었다고 합니다. 『나는 빠리의 택시 운전사』의 저자 홍세화 씨는, 톨레랑스란 잘못을 용서해 준다는 뉘앙스의 '관용(寬容)'보다는 다름을 인정한 채 어우러지는 '화이부동(和而不同)'에 가까운 단어라 표현한 바 있습니다. 흑백논리에 길들여진 우리 사회가 좀 더 성숙한 시민사회로 나아가는 데 꼭 필요한 덕목이 아닐까 합니다.

함께 나눌 이야기

1. 여러분이 생각하는 영웅은 어떤 사람인지 영화를 보기 전에 먼저 이야기를 나누어 보고, 영화를 보고 나서 영웅은 어떻게 만들어지는지 다시 한번 생각해 보세요.

길잡이 영웅이라 하면 흔히 탁월한 능력으로 난세를 구한 이, 슈퍼맨 같은 초월적 존재를 생각합니다. 하지만 이 영화의 주인공 키리쿠는 몸집이 너무 작아 아이들이 놀아 주지 않았고 어른들도 슬슬 피해 다녔습니다. 게다가 지치지 않고 질문과 말대꾸를 쏟아 내어 대부분의 어른들이 성가셔하는 존재였습니다. 이런 키리쿠가 어떻게 마을을 구한 영웅이 되었을까요? 키리쿠를 항상 있는 그대로 인정하며 그의 독특한 외모나 성격에 대해서도 침착하게 대응한 어머니가 있었기에 가능하지 않았나 싶습니다. 또 한 가지 재미있는 것은 키리쿠가 지혜로운 일을 해낼 때마다 아이 어른 할 것 없이 환호성을 지르고 춤을 추면서 "키리쿠는 우리 친구!"라고 '칭찬 송'을 부르는데, 이 노래를 키리쿠 자신도 흥얼거린다는 점입니다. 칭찬은 고래만이 아니라 키리쿠도 춤추게 하고, 그 칭찬에 걸맞은 행동을 자꾸자꾸 하게 만드는 것이죠. 이제 여러분도 친구들의 좋은 점을 찾아서 칭찬해 보세요.

2. 일반적인 액션물이나 모험물과 달리, 〈키리쿠와 마녀〉에서 키리쿠가 차고 있는 칼은 어떤 용도로 쓰였는지 살펴보세요.

길잡이 이 영화에서 칼은 여러 번 등장합니다. 하지만 한 번도 남을 해치는 데 쓰이지 않고, 위기를 넘기는 도구로만 쓰인다는 점이 흥미롭습니다. 마을 아이들을 잡아가는 배에 구멍을 내 침몰시킬 때, 뿌리가 움직이는 나무의 밑동을 잘라 낼 때 칼이 등장하며, 마을의 샘을 말려 버린 괴물의 몸을 찔러 물을 토해 내게 할 때도 칼을 닮은 부지깽이가 쓰입니다. 지혜로운 할아버지가 있는 마을로 갈 때 어머니로부터 건네받은 단검은, 마녀의 성 밑으로 땅굴을 파서 헤쳐 나갈 길을 만드는 데도 쓰입니다. 마녀의 감시망을 피해 새로 위장할 때는 뾰족한 칼을 새의 부리로 삼기도 하구요. 사나운 멧돼지가 공격할 때는 칼로 찌르는 대신 오히려 멧돼지를 이용해 더 빨리 목적지에 도달합니다. 반면 마녀 등에 박힌 가시를 빼낼 때는 칼로 도려낼 거라는 관객의 예상을 깨고 자신의 입으로 가시를 뽑는데, 매우 인상적인 장면입니다. 이처럼 자신이 치명상을 입을지 모르는데도 끝내 칼을 쓰지 않는 키리쿠의 모습은, 이 영화의 주제와 관련하여 시사하는 바가 큽니다.

3. 키리쿠가 마을을 구한 원동력은 무엇이었을까요?

길잡이 상처를 입은 자이기에 다른 사람의 상처를 잘 이해하는 것일까요? 키리쿠는 유별나게 작은 몸 때문에 재앙을 불러올지 모른다는 소리를 듣기도 했고, 아이들의 놀이에도 끼지 못했습니다. 지혜로운 할아버지한테 가서도 자신이 작은 데다 혼자 싸워야 해서 외롭다고 말합니다. 하지만 콤플렉스라 생각한 것이 오히려 도움이 될 때가 있는 법. 키리쿠는 작기 때문에 잘 숨어 다닐 수 있었고 저주받은 샘에도 들어갈 수 있었던 것 아닐까요? 또 마녀의 상처이자 사악한 힘의 근원인 가시를 빼낼 때도, 마녀가 고통에 울부짖을망정 크게 저항하지 않았던 것은 키리쿠의 위협적이지 않은 모습 때문이지 않을까 생각해요.

어둠 속의 댄서

원제 Dancer in the Dark
감독 라르스 본 트리에르(2000년, 덴마크 외 12개국)
등장인물 비외르크(셀마 제스코바), 카트린 드뇌브(캐시 크왈다), 빌 휴스턴(데이비드 모스), 카라 시모어(린다 휴스턴)
배경 20세기, 미국
상영 시간 140분(12세 관람가)
수상 2000년 칸영화제 작품상 · 여우주연상

백치 같은 엄마의 슬픈 노래와 춤

감독 라르스 본 트리에르는 덴마크 출신이며 영화의 사실주의를 강조한 '도그마 95 선언'* 으로 유명합니다. 이 영화에서 그는 핸드헬드* 기법을 통해 공산권 체코에서 건너온 이민자이며 일용 노동자이자 세입자, 게다가 미혼모라는 '어둠'뿐인 상황에 있는 셀마의 불안한 처지를 대변합니다. 〈어둠 속의 댄서〉는 할리우드에서 제작된 작품이지만 해피엔딩, 스타 시스템, 화려한 볼거리 등 기존 뮤지컬의 관습을 깨 칸영화제 작품상과 여우주연상을 받기도 했습니다. 데뷔작으로 여우주연상까지 거머쥔 비외르크는 아이슬란드의 록 가수이자 작곡가입니다. 라르스 본 트리에르 감독은 처음엔 영화 음악을 의뢰하고자 그녀를 찾아갔다가, 일단 만나 보자 영화 주

인공에도 적합하겠다 싶어 음악과 셀마 역 모두를 그녀에게 맡겼다고 합니다. 이 영화에서 비외르크는 연기 경력이 전혀 없다는 것이 믿기지 않을 만큼, 실제로 셀마가 된 듯 배역에 몰입하여 독특한 스타일의 뮤지컬을 펼쳐 보입니다.

영화의 시작은, 도수 높은 안경을 낀 셀마가 〈사운드 오브 뮤직〉에 나오는 〈마이 페이버릿 씽(My Favorite Thing)〉을 부르며 뮤지컬 연습을 하는 장면입니다. 셀마는 체코에서 미국으로 건너온 이민자로, 곧 열세 살이 되는 아들 진과 함께 트레일러에 세 들어 살고 있습니다. 셀마가 안경을 낀 것은 유전적 원인으로 나이가 들면서 점점 시력을 잃게 되었기 때문입니다. 진 역시 그대로 두면 앞을 볼 수 없게 될 처지이기에, 셀마는 아들의 수술비 마련을 위해 악착같이 공장에서 돈을 법니다. 밤낮 구분이 힘들 만큼 시력이 떨어졌음에도, 언제 프레스에 손이 잘려 나갈지 모를 위험을 무릅쓰고 야근까지 합니다.

그녀의 유일한 기쁨은 춤과 노래를 연습하며 상상의 뮤지컬에 빠지는 것입니다. 야간작업 중 절단기의 시퍼런 칼날이 쨍하고 내리치는 소리, 톱니바퀴와 나사가 철컥거리는 소리에 맞춰 노래하고 탭댄스를 추는 장면은 세상의 모든 소리, 심지어 소음까지도 음악이 될 수 있다는 감독의 세계관을 반영하고 있습니다.

셀마가 사는 트레일러 앞에는 그 주인인 젊은 부부의 집이 있습니다. 경찰관인 남편 빌은 아내 린다의 사치를 감당하기 힘들어 합니다. 빌은 셀마에게 어려움을 털어놓고, 셀마 역시 아들의 눈 수술을 위해 돈을 모으고 있다는 비밀을 말합니다. 퇴근길에 셀마는 지나가던 빌의 차를 얻어 타는데, 빌은 셀마에게 돈을 빌려 달라고 합니다. 그렇게 해주지 않으면 자신은 자살할지도 모른다고도 말합니다. 하지만 셀마는 거절합니다. 그날 저녁 빌은 셀마가 공장

에서 받은 일당을 통에 담는 모습을 목격하고, 장님이나 다름없는 셀마의 약점을 이용해 돈을 훔쳐 갑니다.

다음 날, 어두운 눈 탓에 기계를 망가뜨리고 해고된 셀마는 집으로 돌아오는 철길을 따라 노래를 부르며 고통을 달랩니다. 집에 도착해 마지막 일당을 통에 넣으려는 순간, 엎친 데 덮친 격으로 모아 놓은 전 재산이 사라진 것을 발견한 셀마는 주인집으로 달려갑니다. 셀마는 빌에게 제발 그 돈만은 돌려 달라고 간청하지만, 빌은 돈을 움켜쥐고 차라리 자신을 죽이라고 외칩니다. 돈을 되찾기 위해 안간힘을 쓰던 셀마는 실수로 빌에게 총을 쏘고, 결국 살인 용의자로 법정에 섭니다.

공장 동료 캐시 크왈다와 친구 제프가 무죄를 입증해 줄 변호사를 보내지만, 셀마는 수술이 더 늦어지면 아들도 시력을 잃게 된다며 이를 받아들이지 않습니다. 2056달러, 셀마가 이제껏 피땀 흘려 모은 돈의 총액입니다. 변호사 수임료냐, 아들의 수술비냐. 셀마에게는 선택의 여지가 없습니다.

셀마는 영화의 처음부터 마지막 순간까지 노래를 부릅니다. 뮤지컬을 연습할 때, 공장에서 야간작업할 때, 그리고 시력을 속이고 일하다 쫓겨나 빛도 희망도 없을 것 같은 절망의 순간에조차 "과거도 보았고 미래도 알아요. 난 더 이상 볼 것이 없답니다." 하며 노래 부릅니다. 자신의 돈을 지키기 위해 울면서 방아쇠를 당기고, 죽어가는 빌을 바라보는 동안에도 "바보 같은 셀마, 다 너 때문이야."라는 자책의 노래를 관객에게 들려줍니다. 재판정에서도, 라디오조차 허용되지 않는 독방에서도 셀마는 상상의 뮤지컬을 공연합니다.

죽음 앞으로 걸어가는 순간까지도 셀마는 노래를 부릅니다. 사형 직전 건네받은 아들의 안경을 움켜쥐고 마지막을 맞는 셀마. 뮤지컬을 볼 때마다 그래 왔듯 "이것은 마지막 노래가 아니라 마지막 전의 노래일 뿐!"이라며 자신을 위로하는 가운데, 셀마의 목에 감겼던 밧줄이 아래로 툭 떨어집니다.

"사람들은 이것을 최후의 노래라고 하지만 그들은 우리를 알지 못해. 최후의 노래로 만드는 건 우리 자신에게 달렸단다."라는 자막이 마지막을 장식합니다.

1. 도그마 95 선언

기술에 지나치게 의존하는 영화 제작 시스템에 반기를 들고 영화의 순수성을 되찾자는 의도로 1995년 라르스 본 트리에르, 토마스 빈테르베르 등 덴마크 감독들이 주도한 영화 선언입니다. 감독의 작가주의 경향과 지나친 기술 개입을 반대하고 최소한의 기술만으로 영화를 만들어야 한다고 주장합니다. 현지 촬영을 할 것, 카메라는 항상 들고 찍을 것, 특수조명 사용과 현실에서 벗어난 시공간을 금지할 것 등의 내용을 담고 있습니다.

2. 핸드헬드handheld

카메라를 손으로 들고 찍는 촬영 기법을 말합니다. 1920년대 이후 카메라가 가볍고 작아지면서 기록영화나 전위영화에 핸드헬드 기법이 쓰이기 시작했습니다. 흔들리는 화면은 흔히 등장인물의 심리적 혼란을 표현하며 현장성·우발성·즉흥성을 부각시킵니다. 〈어둠 속의 댄서〉에서는 두 시간 이십여 분 내내 거칠게 흔들리는 화면이 불안한 느낌을 주지만, 이는 장님이나 다름없는 셀마의 눈에 비친 세상을 표현하려는 감독의 의도로도 보입니다. 핸드헬드 기법이 두드러진 영화로는 〈중경삼림〉(왕자웨이, 1995), 〈태극기 휘날리며〉(강제규, 2003), 〈화려한 휴가〉(김지훈, 2007), 〈클로버 필드〉(맷 리브스, 2008), 〈고지전〉(장훈, 2011), 〈크로니클〉(조시 트랭크, 2012) 등이 있습니다.

함께 나눌 이야기

1. 개인으로서의 삶을 포기하고 어머니로서의 길을 택한 셀마의 행동이 과연 현명한 것일까요?

2. 셀마는 조용한 감옥 생활을 답답해합니다. 왜 그런지 이해할 수 있나요?

길잡이 눈도 안 보이는데 소리까지 없다면 세상과 차단된 것과 마찬가지이기에 그랬던 건 아닐까요? 친구 크왈다와 극장에 갔을 때도, 장님이나 다름없는 셀마에게 크왈다는 뮤지컬 배우의 움직임을 일일이 이야기해 줍니다. 어떤 때는 손바닥에 그림을 그려 주기도 하고요. 공장 안의 소음과 기계 소리조차 셀마에게는 자신이 살아 있다는 증거였을 것입니다. 그런 셀마가 이야기할 친구는 물론 라디오 듣는 것조차 허용되지 않는 독방에 갇히자 환풍구의 소음에 맞추어 자신이 주인공이 된 뮤지컬을 공연하는 것은 어찌 보면 당연한 일일 것입니다. 사형장으로 가는 마지막 발걸음을 내딛는 순간에도, 셀마는 간수의 딱딱 구둣발 소리에 리듬을 싣고 간수를 따라 걸으며 노래를 불러 공포를 쫓아냅니다.

3. 여러분의 '페이버릿 씽(favorite thing)'은 무엇인가요?

길잡이 영화의 마지막 부분, 죽음의 공포 앞에서도 셀마는 자신이 좋아하는 것들을 떠올리며 노래합니다. "벌에게 쏘였을 때, 개에게 물렸을 때, 기분이 우울할 때, 내가 좋아하는 것들을 생각하면 전혀 슬프지 않아요. 빗방울과 장미, 새끼 고양이의 수염, 구릿빛 주전자와 따스한 털장갑, 끈으로 묶은 갈색 포장지……. 바로 내가 좋아하는 것들이죠. 크림색 망아지, 바삭한 사과 파이, 초인종과 썰매 방울, 국수를 곁들인 슈니첼, 달을 등지고 나는 기러기 떼……. 이게 바로 내가 좋아하는 것들이랍니다." 저 역시 감옥은 아니라도 제 맘대로 할 수 없는 답답한 순간이나 겁에 질릴 때면 셀마의 노래를 떠올리곤 합니다. 제가 제일 두려워하는 것 중 하나가 바로 치과에 가면 들리는 연마기 소리인데, 이럴 때 〈마이 페이버릿 씽〉 노래를 떠올리거나, 혹은 제 자신이 좋아하는 것들을 생각해 보는 것이죠. 예를 들면 연잎에서 또르르 굴러 내리는 이슬방울, 담양 소쇄원 대숲에서 나는 바람 소리, 해안을 맨발로 걸을 때 느껴지는 모래알 감촉, 목욕시킨 갓난아이의 머리에서 나는 캐러멜 냄새, 그리고 나른한 오후에 마시는 우유 넣은 홍차를 떠올리면 현실의 두려움을 조금은 잊을 수 있답니다.

4. 내가 만약 셀마의 아들 진이라면 어떻게 행동할까요? 어머니의 목숨과 자신의 시력 중 무엇이 더 중요하다고 생각할까요?

슈팅 라이크 베컴

원제 Bend It Like Beckham
감독 거린더 차다(2002년, 영국·독일·미국)
등장인물 파민더 나그라(제스), 키라 나이틀리(줄스), 조나단 라이 메이어스(조)
배경 21세기, 영국
상영 시간 112분(12세 관람가)

정면 돌파냐, 우회냐 그것이 문제로다!

한국이 월드컵 열기로 들끓던 2002년에 개봉된 〈슈팅 라이크 베컴〉은 어린 시절 축구 경기를 보면서 '바나나킥'에 열광하던 오빠들을 새삼 떠올리게 하는 영화입니다. 바나나처럼 포물선을 그리는 휘어차기, 즉 바나나킥은 정식으로는 '스핀킥' 또는 '벤드(bend)'라고 불리는데 이 영화에선 아예 '베컴 슛'이라는 용어로 대체되었습니다. 'bend'라는 단어를 영어 사전에서 찾아보면 '구부리다'라는 뜻 외에도 '우회하다'라는 뜻이 있습니다. 오호라, 제스가 장애물을 헤치고 꿈을 이루는 과정을 지켜보니 그야말로 벤드, 우회 전법입니다. 정면 돌파 대신 구부리고, 기다리고, 참고, 돌아서 가는 주인공의 모습에서 벤드라는 단어의 중첩된 의미를 간파할 수 있습니다.

베컴의 어시스트를 받아 멋진 슛을 쏘는 인도계 소녀 제스 밤라. 이것은 넋을 놓고 축구 중계를 보던 제스의 상상입니다. 방 안을 온통 데이비드 베컴* 사진으로 도배한 제스는 언니 핑키와는 달리 외모나 쇼핑엔 관심이 없고 오로지 축구 생각, 베컴 생각뿐입니다. 제스는 동네 공원에서 남자아이들과도 허물없이 어울려 축구를 합니다. 그러던 어느 날, 남자를 능가하는 제스의 축구 실력을 유심히 지켜보던 줄스가 자신이 속한 여자 축구팀에 들어올 것을 권합니다.

여자 축구팀 감독 조는 '포지션'이 뭔지도 모르는 제스를 얕보지만, 드리블과 볼 장악 능력을 보고 바로 제스를 스카우트합니다. 축구팀 유니폼을 입은 채 집으로 오는 길에, 평소 함께 축구를 하던 남자아이들조차 제스를 보고 놀립니다. 제스는 보란 듯이 자유자재로 공을 다루며 남자들의 수비를 제치고 실력을 뽐냅니다. 하지만 이때 공원을 지나던 어머니가 제스의 모습을 보고 "어떻게 여자애가 다리를 드러내 놓고 남자들과 어울려 축구를 할 수 있느냐?"며 역정을 냅니다. 어머니의 태클에 제스는 몰래몰래 축구 연습을 합니다. 요리를 하면서 피망과 양배추로 드리블

연습을 하고, 빨래를 널면서 페널티킥 연습을 합니다.

그러던 어느 날, 제스가 줄스와 우정의 표시로 포옹하는 것을 언니의 약혼자 부모가 보고 제스를 불량 소녀로 오해하여 언니에게 파혼을 선언하는 사건이 터집니다. 머리가 짧은 줄스가 남자로 보였던 것입니다. 제스에게 화가 난 언니는 제스가 그동안 몰래 축구를 했다고 부모님께 일러바칩니다.

이 일로 제스가 훈련에 참가하지 못하게 되자 조는 제스의 집을 찾아옵니다. 조는 제스의 재능에 대해 얘기하며 부모님을 설득해 보려 하지만 부모님은 완강합니다. 아버지는 자신도 영국 크리켓팀에 입단한 적이 있었지만 터번을 두른 인도인이라고 내쫓겼던 아픈 과거를 이야기하며, 소수민족으로 영국에서 살아가는 인도인의 처지를 토로합니다. 더 이상 제스의 부모님을 설득할 수 없음을 깨달은 조는 떠나면서 제스에게 "부모님 말씀이 항상 옳은 것은 아니야." 라는 말을 남깁니다.

며칠 후 제스는 사촌 집에 놀러 간다고 속이고 독일 원정 경기에 참가합니다. 그러나 세상에 비밀은 없는 법, 경기 사진이 신문에 실려 아버지에게 들통이 납니다. 엎친 데 덮친 격으로 조를 놓고 줄스와 삼각관계에 빠집니다. 안팎으로 위기에 처한 제스는, 경기장에서도 줄스와의 보이지 않는 신경전으로 괴롭습니다. 단독 드리블로 골 찬스를 얻으려는 찰나 상대편 수비수의 고의적인 태클이 들어오고, 제스가 항의하자 "인도년!"이라는 욕설이 들려옵니다. 흥분한 제스가 거칠게 대응하자 주심은 제스를 퇴장시킵니다. 사회의 축소판을

보듯, 경기장에서도 예외 없이 도사리고 있는 소수자 차별에 당사자 제스는 물론 관중석도 동요합니다. 제스의 경기를 몰래 지켜보던 아버지 역시 상처를 입습니다.

제스의 법대 합격 통지서를 받고 부모님이 기뻐하는 동안 제스는 방에 올라와 베컴 사진을 떼어 냅니다. 제스는 대학 진학 쪽으로 마음을 굳히지만, 조가 찾아와 미국 프로팀에 스카우트될 절호의 기회라며 클럽 결승전 출전을 권유하자 흔들립니다. 그런데 하필이면 결승전 날이 언니의 결혼식이라니……. 결승전 출전과 결혼식 참석 중 하나를 선택해야 하는 제스를 두고 카메라는 결혼식 준비와 결승전 준비를 교대로 비춥니다. 흥겨운 분위기로 가득 찬 인도 전통 혼례 준비 장면, 결승전을 앞두고 신발끈을 조이며 활기차게 연습하는 선수들의 모습이 번갈아 비추어집니다.

제스는 분홍 사리를 입고 피로연 음식을 나르지만 표정은 우거지상입니다. 이를 지켜보던 아버지는 "네가 웃을 수만 있다면……." 하고 말하며 경기 출전을 허락합니다. 부리나케 유니폼으로 갈아입고 경기장에 나타난 제스. 0 : 1로 뒤져 있던 팀은 제스의 어시스트로 동점골을 얻고 환호성을 지릅니다. 이때 골 세리머니 장면과 결혼 피로연 손님들이 춤추는 장면이 또다시 교차편집*으로 비춰집니다. 이어 프리킥 찬스를 얻은 제스가 공을 차려는 순간, 상대편 수비벽은 인도 전통 의상을 입은 친척들의 모습과 겹칩니다. 이 장면은, 제스가 넘어야 할 장벽이 경기장 안에서는 상대편이지만 현실의 삶 속에서는 여성·소수자에 대한 편견의 벽임을 분명히 보여 줍니다.

결국 통쾌한 '베컴 슛'으로 역전승을 거둔 제스는 미국 프로팀에 스카우트되고, 그제서야 당당히 자신의 꿈을 이야기합니다. 돌변한 제스의 태도에 가족들은 당황해하지만 소꿉친구인 토니의 도움, 그리고 속 깊은 아버지의 지지에 힘입어 상황은 바뀝니다. 자신도 젊었을 때 난관에 부딪쳐 꿈을 포기했으나 이내 후회했고, 비록 자신은 아파했지만 상처를 대물림할 수는 없다는 것입니다. "꿋꿋하게 세상에 나아가 네 방식대로 싸워서 꼭 이겨 내라!"는 아버지의 마지막 말이 유난히 가슴에 와 닿는 영화입니다.

1. 데이비드 베컴David Beckham,1975~

제스와 같은 등번호 7번을 단 축구 스타 데이비드 베컴. 그가 1997년에 잉글랜드 대표팀으로 선발되기까지는 눈물겨운 노력이 있었습니다. "나는 체격이 작았기 때문에 상대방이 발을 걸면 그대로 걸려 넘어졌다. 하지만 아버지는 내가 볼을 잡으면 곧바로 패스하도록 훈련을 함께해 주셨다. 그때 배운 요령 덕에 지금도 웬만해서는 부상을 입지 않고 태클을 피해 최고의 플레이를 할 수 있게 되었다."는 그의 말은 이 영화의 주제와 관련하여 의미 있게 다가옵니다.

2. 교차편집cross cutting

동시에 다른 장소에서 발생하는 사건을 병치시키는 편집 기법을 말합니다. 특정한 주제를 극적으로 표현하는 데 쓰이기도 합니다. 교차편집은 〈대부3〉(프랜시스 포드 코폴라, 1990)의 결말에서도 극적으로 쓰였습니다. 새로운 대부가 된 마이클(알 파치노)은 조카의 세례식에 참석하는 동안 아버지(말런 브랜도)를 살해한 반대파를 처치하도록 부하들에게 지시합니다. 성당과 살해 현장을 교차해 보여줌으로써 마피아의 이중성—충성심과 무자비함—은 물론 '대부(代父)'라는 말이 지닌 성과 속의 이중적 의미를 부각시킵니다.

함께 나눌 이야기

1. 여자라서, 어려서, 키가 작아서, 또는 남들의 시선 때문에 부당한 일을 당하는 사람들이 아직 우리 사회에 많이 있습니다. 이런 어려움에 당당히 맞선 사람들을 찾아보세요.

2. 긴 트레이닝복 바지만 입던 제스는 축구팀에 들어와 유니폼 반바지로 갈아입게 되자 한동안 주저합니다. 스탠드에 쭈뼛거리며 앉아 있던 제스가 얼마 안 있어 경기에 합류하게 된 계기는 무엇일까요?

길잡이 영화 첫 장면에서 제스의 상상 속 '천재 축구 소녀 제스 밤라'의 인터뷰에 등장한 엄마의 말씀에 따르면, '여자가 남자들 앞에서 허벅지를 내놓는 것은 해괴망측한 일'입니다. 제스에게 반바지가 부적절한 복장이라는 것은, 인도 여성의 전통 의상이 몸을 전부 감싸는 베일 형태라는 사실만 봐도 짐작할 수 있습니다. 이런 문화적 관습이 아니더라도, 허벅지를 드러내는 것은 제스에겐 꺼림칙한 일입니다. 여섯 살 때 엄마가 없는 사이 요리를 하다 허벅지에 커다란 화상을 입었기 때문입니다. 이런 흉터를 드러내기란 꽤나 자존심 상하는 일이지요. 그러나 감독인 조는 자신의 무릎 상처를 보여 주며, "경기장에서 달릴 때 아무도 상처 따위는 보지 않아. 그래도 넌 뛸 수라도 있잖니?"라고 제스를 격려합니다. 조는 자신 또한 잉글랜드에서는 차별받는 아일랜드 출신이라는 점을 들며 제스의 마음속 상처까지 공유합니다. 이로 인해 제스는 용기를 얻고, 운동장으로 달려 나가 맹연습을 하게 됩니다. 자신감에 찬 제스는 귀갓길에 자신에게 야유를 보내는 인도계 소년들에게도 "흉터 처음 보냐? 이게 뭐 어때서?"라고 당당하게 말하며 타인의 편견을 지혜롭게 극복합니다.

3. 그토록 축구하는 것을 반대하던 아버지가 마침내 허락을 해 주기까지 제스는 어떤 노력을 기울였나요?

길잡이 이 영화는 '아무것도 하지 않는 것'이 가장 어려운 일임을 실감케 합니다. 역설적이긴 하지만, 제스가 한 노력은 부모님을 실망시키지 않으려고 요리를 배우라면 배우고 빨래를 하라면 하고 손님이 오면 군말 없이 다과를 준비하는 등 항상 순종하는 일이었습니다. 게다가 부모님이 원하던 대학에 합격한 걸 보면 공부도 게을리하지 않은 듯합니다. 이런 평소의 태도 때문에, 제스가 스스로 진정 원하는 꿈을 말할 때 부모님이 더 귀 기울이게 되었지도 모르겠네요. 〈빌리 엘리어트〉(스티븐 달드리,

CINEMA

2001)에서 주인공 빌리의 문제 해결 방식이 그가 추는 탭댄스처럼 저돌적이었다면, 〈슈팅 라이크 베컴〉은 원제 그대로 우회적인 '돌아가기'로 문제를 해결해 나갑니다. 빌리가 아빠의 반대라는 장벽에 부딪혀(실제 춤출 때에도 벽을 두드리는 동작이 등장합니다) 꿈을 접게 되자 반항하고 울부짖는 반면 제스는 한 번도 누군가를 원망하거나 항의하지 않습니다. 자신을 못마땅하게 여기는 가족들, 그리고 오해로 인해 자신을 외면하는 줄스에게도 그저 굽히고, 참고, 기다릴 뿐입니다. 제스의 이러한 자세는 부드러움(여성성)이 강함(남성성)을 이긴다는 동양의 지혜를 다시 한번 생각하게 합니다. 보수적 편견의 벽을 뛰어넘는다는 다소 무거운 주제를 유쾌한 스타일로 가볍게 그려 나간 거린더 차다 감독의 연출 방식 또한 우회 전법으로 비칩니다. 주인공 제스, 감독 거린더 차다 두 여인은 모두 베컴처럼 우회하는 슈팅으로 절실한 삶의 목적에 골인한 경공(輕功)의 달인인 듯싶습니다.

데이비드 게일

원제 The Life of David Gale
감독 앨런 파커(2003년, 미국·독일·영국)
등장인물 케빈 스페이시(데이비드 게일), 케이트 윈즐릿(빗시 블룸), 로라 리니(콘스탄츠), 맷 크레이븐(러스티), 리언 리피(밸류 변호사)
배경 21세기, 미국
상영 시간 130분(15세 관람가)

사형 제도는 과연 필요악인가?

〈데드맨 워킹〉(팀 로빈슨, 1995), 〈우리들의 행복한 시간〉(송해성, 2006)과 같이 사형수가 등장하는 영화는, 흔히 이야기를 하는 사형수와 들어 주는 사람 간의 대화를 통해 사형제의 모순을 보여 주고 있습니다. 한편 사형 제도 찬반을 주장하는 시위와 TV 대담을 곁들여 부분적 다큐멘터리 형식을 도입하며 사형제 존폐 논란*을 환기시킨 영화도 있는데, 바로 〈데이비드 게일〉입니다.

〈데이비드 게일〉은 〈미시시피 버닝〉(1988), 〈핑크 플로이드의 벽〉(1983) 등 사회비판적 작품을 찍기로 유명한 앨런 파커 감독이 실화를 바탕으로 만들었다 하여 개봉 당시에도 화제를 모은 바 있습니다. 〈데이비드 게일〉은 사형제의 문제점 중 하나인 '오심으로 인해 무고한 자가 희생될 가능성'을 충격적인 방식으로 보여 줍니다.

진실을 향한 강한 집념과 패기를 지닌 한 유명 주간지의 기자 빗시 블룸에게 인터뷰 요청이 오면서 영화는 시작됩니다. 사형 집행을 일주일 앞둔 죄수와 세 차례 단독 인터뷰를 하고, 이를 게재하는 잡지사에서 50만 달러를 사형수의 변호사에게 지불하는 조건입니다. 자기의 소신대로 취재에 열정을 쏟는 기자 빗시와 사형수 게일의 인터뷰를 통해 게일의 과거, 그리고 사형수가 된 사연이 조금씩 드러납니다.

사형제 폐지 운동 단체 '데스 워치(Death Watch)'의 회원인 데이비드 게일은 젊고 유능한 교수로 학생들에게도 인기가 높습니다. 그는 동료 콘스탄츠의 권유로 사형제를 다루는 TV 토론에 출연하고 방송국을 나오는 길에 경찰에게 체포됩니다. 그에게 앙심을 품은 대학원생 벌린에 의해 성폭행범으로 기소된 것입니다. 이 일로 인해 데이비드는 가정과 학교에서 외면당하고, 심지어 열성적으로 활동했던 데스 워치 내부에서도 따가운 눈총을 받습니다.

대학에서 쫓겨나고 부인도 그

의 곁을 떠나자 게일은 알코올 의존증에 빠져 벼랑 끝으로 내몰립니다. 게일은 자신을 이해해 주는 유일한 동료 콘스탄츠를 찾아가지만, 얼마 후 그녀는 백혈병으로 쓰러져 응급실에 실려 갑니다. 콘스탄츠는 자신이 불치병에 걸렸다는 것을 그 누구에게도 알리지 않은 채 자신의 생명보다도 타인의 생명을 구하는 데 더 관심을 쏟았던 것입니다. 게일이 콘스탄츠를 간호하면서 그들은 서로에게 위로가 되어 줍니다.

그러던 어느 날 그녀는 성폭행당해 처참한 시체로 발견됩니다. 부검한 결과 콘스탄츠의 몸 안에서 게일의 정액이 검출되는 믿지 못할 사태가 벌어집니다. 이전에도 강간 혐의가 있었던 게일은 곧바로 강간살해범으로 구속됩니다.

인터뷰를 시작할 때마다 화면이 불안하게 흔들리고 180도 뒤집어지기도 하는데, 이는 사형수 게일과 그를 취재하는 빗시의 혼란한 심정을 반영하는 듯합니다. 육 년의 수감 기간 내내 침묵을 지키다가 왜 사형 집행을 일주일 앞두고 인터뷰를 요청했는지 빗시가 묻자 게일은 “내가 어떻게 죽었는지가 아니라 어떻게 살았는지를 기억하게 하기 위해서, 내 목숨을 구하는 게 아니라 내 아들이 가진 아버지에 대한 기억을 구하기 위해서”라고 답합니다.

사형제 폐지를 위해 활동해 오다가 자신이 사형수가 된 게일과 세 차례에 걸친 인터뷰를 하면서 빗시는 무엇이 진실인지 혼란에 빠집니다.

게일의 사형 집행을 몇 시간 앞두고 빗시는 숙소로 전달된 비디오 테이프를 받습니다. 테이프엔 ‘빗시 블룸 앞’이라고 서명이 되어 있습니다. 비디오 테이프를 본 빗시는 그제서야 비로소 게일의 죽음이 스스로 선택한 것임을 알고 경악합니다.

비디오테이프엔 콘스탄츠가 자살하는 과정이 녹화되어 있습니다. 콘스탄츠는 지문을 남기지 않기 위해 고무장갑을 낀 채 스스로 수갑을 채우고 비닐을 뒤집어쓰며 자살을 타살로 위장했던 것입니다. 뒤늦게 진상을 파악한 빗시는 비디오테이프를 들고 사형장으로 달려가지만, 사형은 집행되기 일보 직전입니다. 담담하고 차분하게 마지막 식사를 하는 게일, 분주한 현장 보도진과 팽팽히 맞선 사형제 찬반 시위 진영, 그리고 진실을 알리기 위해 질주하는 빗시의 모습이 번갈아 비춰집니다.

빗시가 현장에 도착했을 때 이미 게일은 형장의 이슬로 사라진 뒤입니다. 오후 6시 2분에 집행, 사형수는 6시 12분에 사망했고 유언은 없었다는 교도소장의 발표를 듣고 빗시는 오열합니다. 빗시가 언론에 보낸 비디오테이프로 인해 데이비드 게일은 뒤늦게 강간범의 오명을 벗고 '자신의 신념을 위해 목숨을 바친, 살아서는 뜻을 이루지 못한 순교자'로 정정 보도됩니다.

한편 콘스탄츠와 게일의 신념에 공감하여 두 사람을 도왔던 러스티와 밸류 변호사는 공범 의혹을 피하기 위해 출국하여 빗시 기자와 게일의 부인 앞으로 각각 소포를 보냅니다. 빗시에게는 '오프 더 레코드'*라고 적힌 비디오테이프를, 게일의 부인에게는 50만 달러가 든 돈 가방과 대학원생 벌린이 보낸 엽서(게일의 무죄를 추측케 하는 단서)를 전합니다. 마지막 장면은 빗시가 받은 비디오에 등장하는 게일의 모습입니다. 콘스탄츠의 자발적 죽음을 확인하고 러스티를 뒤따라 나오는 게일의 비장한 얼굴이 클로즈업됩니다. 감독은 이 영상을 통해 어떤 메시지를 전하려 한 것일까요?

1. 사형제 존폐 논란

사형 존치론자들은 범죄 예방, 개선 여지가 없는 흉악범에 대한 사형의 불가피성을 근거로 듭니다. 반면 사형 폐지론자들은 생명은 천부인권이라는 점, 오판 가능성, 범죄 예방 효과 미약, 정치적 악용 등을 근거로 듭니다. 〈데드맨 워킹〉(팀 로빈스, 1995)이 사형의 비인도성을 감성적으로 환기했다면, 〈데이비드 게일〉은 사형의 문제점을 이성적으로 짚습니다. 〈데드맨 워킹〉에서 사형수 매튜의 "주체가 누구든 살인은 나쁘다. 그게 나든, 여러분이든, 국가든……."이라는 말은 게일의 메시지와 궤를 같이 합니다. 사형제를 다룬 다른 영화로는 〈그린 마일〉(프랭크 다라본트, 1999), 〈우리들의 행복한 시간〉(송해성, 2006), 〈마이 파더〉(황동혁, 2007)가 있습니다.

2. 오프 더 레코드off the record

직역하면 '기록(record)에서 벗어난(off)', 즉 기록이 없는 상태라는 뜻입니다. 주로 언론에서 쌍방 합의하에 정보로 참고할 뿐 공식적 보도를 묵시적으로 금지하는 발언을 뜻합니다. 게일은 인터뷰 중 여러 번 '오프 더 레코드'를 요청하며, 마지막에는 '오프 더 레코드'라 적힌 비디오테이프가 빗시에게 전달됩니다. 비공식적 기록에 오히려 진실이 존재할 수 있으며 눈에 보이는 것만이 진실은 아님을 보여 주는 장면입니다.

함께 나눌 이야기

1. "눈에는 눈, 이에는 이." 그리고 "죄는 미워해도 사람은 미워하지 말라."라는 말들은 각각 사형제에 대한 상반된 견해를 보여 줍니다. 이런 말들이 나오게 된 배경을 알아보고, 사형제와 관련해 자신의 입장을 정리해 보세요.

2. 자신의 뜻을 이루기 위해 스스로 죽음을 택한 데이비드 게일을 이해할 수 있나요?

길잡이 영화 초반부에, 대학에서 라캉의 철학을 강의하던 데이비드 게일은 이렇게 말합니다. "자신의 인생을 욕망으로 이룬 것들을 통해 평가하지 말고 성실, 동정심, 합리성, 자기희생으로 평가해야 한다. 왜냐하면…… 우리 삶의 가치를 평가할 수 있는 유일한 방법은 다른 이들의 삶을 통해서이니까." 이러한 게일의 평소 소신은 동료 콘스탄츠에 의해 더욱 강화되었습니다. 죽음이 임박해 온 것도 내색하지 않고 타인의 불행을 덜기 위해 온몸을 바쳐 희생하는 그녀의 모습을 보며, 게일은 함께 순교자의 길을 걷기로 결심했던 것이 아닐까 합니다. 두 사람은 죽음(자살과 사형)이라는 극단적 방법을 통해, 극단적 형벌인 사형제의 모순을 세상에 알린 것입니다.

CINEMA

3. 과연 인간이 다른 인간의 죄값을 정확히 매기고 처벌할 수 있는지에 대해 토론해 보세요.

길잡이 비인도적 형벌을 금지한 '세계인권선언'(1948)의 조문을 예로 들지 않더라도, 1989년 유엔총회에서 채택한 '사형폐지의정서'는 이미 많은 나라에서 비준되었습니다. 독일, 프랑스 등 유럽에선 이미 사형제를 전면 폐지했으나 한국, 일본, 그리고 미국의 32개 주에선 사형제를 존치시키고 있습니다(한국의 경우 1997년 말 이후 집행은 한 건도 없었습니다). 사형제는 생명의 존엄성을 보호해야 할 국가가 행하는 '권력에 의한 살인'이라는 윤리적 맹점은 사형제 존치론자들도 부인할 수 없습니다. 사형제가 흉악범죄를 막는 데 효과적이라는 주장도 현실과는 거리가 있다는 분석이 지배적입니다. 미국의 경우를 보면 1970년대 이후 사형 집행 건수가 부쩍 늘었는데도 살인 사건은 오히려 증가하는 추세고, 사형제를 폐지한 18개 주에서 살인 사건이 더 적다는 사실이 이를 증명합니다. 특히 영화의 배경으로 등장하는 텍사스 주의 투옥률은 전 세계 최고이며 사형수의 대부분이 흑인·히스패닉·빈민이라는 점, 통계 결과 미국의 사형 집행 7건 중 1건이 오심이라는 점 등은 이 영화의 주제와 관련해 생각해 볼 거리입니다.

조제, 호랑이 그리고 물고기들

원제 ジョゼと虎と魚たち

감독 이누도 잇신(2003년, 일본)

등장인물 이케와키 치즈루(조제), 츠마부키 사토시(츠네오), 우에노 주리(카나에)

배경 21세기, 일본

상영 시간 116분(15세 관람가)

장애인 여성의 사랑과 홀로서기

세계인권선언문[*]은 "모든 사람은 태어날 때부터 자유로우며, 동등하게 존엄성과 권리를 보장받아야 한다. 모든 사람은 인종, 피부색, 성별, 언어, 정치적 견해 등에 관계없이 어떠한 차별도 받아서는 안 된다."고 언명합니다. 하지만 현실은 어떤가요? 장애인에다가 빈곤 계층 여성이기까지 한 경우, 그들이 살아가야 할 세상에는 이중 삼중의 장벽이 놓여 있을 게 뻔합니다. 아니, 어쩌면 바깥세상으로 나가는 일부터가 물리적으로나 심리적으로나 험난한 과제일지도 모르겠습니다.

일본 영화 〈조제, 호랑이 그리고 물고기들〉은 한국 영화 〈오아시스〉(이창동, 2002)와 마찬가지로 다리가 불편한 뇌성마비 여성을 주인공으로 하는데, 장애인 이동권을 정치적 구호나 사회 운동의 차원이 아닌 사랑의 표현 수단으로 부각시켰다는 점에서 주목할 만한 영화입니다.

영화가 시작되면, 푸른빛 도는 정지 화면들이 스치듯이 지나갑니다. 이것은 주인공 츠네오의 회상 속에 존재하는 조제와의 추억입니다. 그리고 이어지는 분홍빛 파스텔톤의 그림은 조제의 상황을 단적으로 드러내 줍니다. 파리의 에펠탑을 배경으로 긴 머플러를 두른 소녀가 한쪽 다리가 짧은 토끼 인형을 끌고 가는데, 이 토끼는 조제의 모습이 투영된 것으로 보입니다.

츠네오는 용모가 수려하고 성격이 활달하여 주변 사람들에게 인기가 많은 대학생입니다. 마작 게임방 아르바이트를 마치고 새벽녘에 집으로 돌아가던 중, 유모차를 끌고 가는 할머니와 마주칩니다. 담요로 덮어 가린 유모차 안에는 경계심 가득한 표정의 소녀가 앉아 있습니다. 소녀의 본명은 구미코이지만, 스스로는 조제(그녀가 즐겨 읽는 프랑수아즈 사강의 소설 주인공 이름)라 칭합니다. 조제의 유일한 가족인 할머니는 사람들 눈을 피해 새벽에만 조제를 유모차에 태워 산책시켜 줍니다. 바깥세상을 제대로 접할 수 없는 조제는

벽장에 틀어박혀 할머니가 주워 온 책들을 통해 세상 구경을 합니다.

츠네오는 호기심 반 연민 반으로 다시 한번 조제의 집을 찾아갑니다. 방문을 연 순간, 얼굴에 커다란 반창고를 붙이고 있는 조제를 보고 츠네오는 깜짝 놀랍니다. 조제는 산책을 하다가 부랑자에게 공격을 당해 얼굴을 다치고도 여전히 태연한 모습으로 "여러 가지 보아야 할 게 너무 많아! 꽃이랑, 호랑이랑……."이라며 '이동'의 의지를 표명합니다.

둘은 함께 요리를 하고 책 얘기를 하며 가까워집니다. 츠네오는 조제가 좋아하는 사강의 소설 『한 달 후, 일 년 후』의 속편 『멋진 구름』을 헌책방에서 구해다 줍니다. 조제는 책을 읽으며 빙그레 미소 짓습니다. 조제의 웃는 모습을 처음 본 츠네오는 매우 뿌듯해하고, 조제에게 한발 더 다가선 것을 느낍니다.

할머니가 낮잠이 든 사이, 츠네오는 유모차 뒤에 스케이트보드를 매달고 조제를 태운 다음 거리를 달립니다. 이때 거리의 풍경들은 영화의 첫 장면처럼 스틸 이미지* 로 처리되는데, 이는 난생처음 보는 한낮 풍경을 놓치지 않고 기억에 담고 싶은 조제의 마음을 반영한 연출로 보입니다. 결국 비탈길에서 굴러 넘어졌을 때도 조제는 누운 채 신기하다는 표정으로 하늘을 보며 "저 구름을 집에 가져가고 싶다."고 말합니다.

점점 더 조제에게 마음이 끌리면서 츠네오는 조제를 위해 장애인을 위한 무료 집수리를 신청합니다. 이를 계기로 두 사람이 좀 더 가까워지려는 시점에서, 츠네오의 대학 친구이자 사회 복지사 지망생인 카나에가 조제의 집을 견학하러 옵니다. 건강한 다리에 미니스커트를 입은 카나에의 관찰 대상이 되자 조제는 상처받습니다. 그날 저녁 츠네오는 사과를 하러 다시 조제를 찾아오지만, 할머니는 "우리 손녀처럼 아픈 아이는 자네와는 어울리지 않네!"라며 더 이상 손녀딸을 만나지 말라고 타이릅니다.

츠네오는 조제를 잊으려 카나에를 만나고 취업 준비를 하는 등 분주히 지내지만, 우연히 조제 할머니의 사망 소식을 듣고 곧바로 조제에게 달려갑니다. 두 사람은 얼어붙었던 서로의 마음을 어루만지며 사랑을 나눕니다. 다음 날 조제는 츠네오와 함께 호랑이를 보러 동물원에 갑니다. 호랑이는 세상에서 제일 무서워하는 동물이라 좋아하는 사람이 생기면 함께 와서 보려 했다고 말하는 조제에게 츠네오는 더욱더 애정을 느끼고, 마침내 조제의 집에서 같이 살게 됩니다.

함께 산 지 일 년 후 이들이 떠나는 여행 시퀀스는 조제의 '이동'에서 정점에 이릅니다. 본래 조제를 데리고 부모님께 인사 드리러 갈 생각이었지만, 츠네오는 꽉 막힌 도로에서 답답함을 느끼면서 왠지 자신의 계획에 대해서도 주저하는 눈치입니다. 하지만 조제로선 태어나서 첫 번째 여행으로, 장거리 '이동' 그 자체만으로도 마음이 들떠 상기된 표정입니다. 조제는 책 속에서 보았던 바다가 아니라 실제의 바다를 보고, 듣고, 느낍니다. 바닷가에서 조개를 줍던 두 사람은 호텔 '물고기의 성'에 들어가 현실과 환상을 오가며 사랑을 나눕니다. 하지만 둘은 결국 츠네오의 집까지 가지 않고 돌아오며, 조제는 소설 『한 달 후, 일 년 후』의 내용처럼 이별의 순간이 왔음을 감지하고 담담히 츠네오를 떠나보냅니다.

영화의 끝부분에서 혼자 전동 휠체어를 끌고 나가 장을 보고, 물고기를 석쇠에 구워 자신만의 만찬을 준비하는 조제의 담담한 표정은 강렬한 인상을 남깁니다. 장애인-비장애인의 경계가 무색할 만큼 조제의 당찬 태도가 돋보이는 이 영화는 장애인을 그리는 시각에 있어서 이전의 영화들보다 진일보했다고 볼 수 있습니다.

1. 세계인권선언문

2차 대전 후 유엔은 인권위원회를 설립하고 이 년의 수정과 보완을 거쳐 1948년 12월 10일 세계인권선언문을 선포했습니다. 이 선언문은 인류 역사상 처음으로 모든 인간의 기본권에 대해 명료하고 포괄적인 전망을 제시한 글입니다. 주된 내용은 "모든 사람은 태어나면서부터 자유롭고 동등한 존엄성과 권리를 보장받아야 하며(세1조), 생명과 자유와 신체의 안전을 누릴 권리가 있고(제3조), 고문 또는 잔혹하고 비인간적이거나 모욕적인 처우나 형벌을 받아서는 안 되며(제5조), 어떠한 차별도 없이 평등하게 법에 의해 보호를 받는다(제7조)."입니다.

2. 스틸 이미지still image

정적인 그림이나 사진으로, 무언가를 강조하거나 특정한 대상을 정확히 포착할 때 사용합니다. 조제가 츠네오의 도움으로 대낮에 외출하는 장면의 스틸 이미지들은 난생처음으로 본 밝은 세상의 경이로움을 붙잡고 싶은 조제의 심정을 드러냄과 동시에 관객의 주의를 끌려는 의도로 보입니다. 〈400번의 구타〉(프랑수아 트뤼포, 1959)의 마지막 장면에서도 스틸 이미지가 강력하게 부각되었습니다.

함께 나눌 이야기

1. 가족, 친구, 혹은 주위 사람들 중에 몸이 불편한 장애인이 있다면 이들의 고통에 연대하여 내가 할 수 있는 일은 무엇일지 생각해 보세요.

2. 조제가 구미코라는 본명 대신 조제라고 불리길 원한 이유는 무엇일까요?

길잡이 구미코라는 이름은 부모님이 지어 준 현실의 이름이지만, 조제는 구미코가 꿈꾸는 삶의 주인공입니다. 만일 조제의 현실이 만족스러웠다면 구미코라는 이름으로 불려도 별 불만이 없었겠지만, 벽장에 틀어박혀 책으로만 세상과 소통하던 조제였기에 다른 삶을 갈망하고 다른 이름을 원한 것입니다. 성도 그렇지만, 이름이란 자신이 선택하지 못하고 부모님이 지어 주는 게 일반적입니다. 하지만 어려서 고아원 생활을 하면서도(부모님이 돌아가셨는지 아니면 이혼 후 버려졌는지 영화에서는 구체적인 설명이 나오지 않지만, '어머니'라는 이름을 부르지 않으려 한 점에서 후자일 것으로 추측됩니다) 다른 아이와 달리 매사에 독립적이었던 조제는 분명 자신이 고른 이름인 '조제'로 불리길 원했을 것입니다.

3. 스스로 몸을 돌보기 힘든 중증 장애인과 같은 지역에서 함께 살아가기 위해서는 어떤 노력이 필요할까요?

길잡이 정부는 저상 버스, 리프트 등 물리적 이동 시설 확충 외에도 2007년부터는 활동 보조 서비스를 시행한 바 있습니다. 하지만 아직도 전시 위주의 행정이라는 지적이 많고, 여러 가지 제도적 보완이 필요합니다(참고로 한국의 장애인 예산은 선진국의 1/10에도 못 미치는 실정입니다). 소수자 인권 문제를 해결하는 데에도 경제적 이해관계가 얽히기 마련입니다. 인권 문제는 강자와 다수 집단의 이해관계 중심으로 규정되기 쉽습니다. 하지만 장애인도 비장애인과 똑같이 존중받고 보장되어야 할 인권을 지닌 사회 구성원임을 잊지 말아야 합니다. 장애인도 공부하고, 일하고, 놀고, 여행하고, 행복할 수 있어야 합니다. 그러기 위해서는 무엇보다도 장애인의 이동권이 확보되어야 할 것입니다.

장애인의 인권 신장을 위해 이처럼 다각도의 제도적 지원이 필요하지만, 장애인을 특별하게 여기지 않는 비장애인의 담담한 시선 역시, 역설적이지만 필요하다 생각합니다. 장애인, 비장애인을 구분할 게 아니라 서로를 그저 '사람'으로 대하는 태도가 필요하지 않을까 합니다. '내가 당신이었다면' 혹은 '당신이 나였다면'으로 역지사지해서 생각해 보고 "내가 당신이라도 그랬을 거예요!"라며 응원해 주는 것은 어떨까요?

〈여섯 개의 시선〉 중 대륙횡단

감독 여균동(2003년, 한국)
등장인물 김문주, 가족, 이웃집 아주머니, 친구, 행인, 경찰
배경 21세기, 한국
상영 시간 14분(12세 관람가)

장애인 이동권은 인권(자유·평등·존엄)의 기본

〈여섯 개의 시선〉은 2003년 국가인권위원회에서 기획한 옴니버스 영화로, 현재 한국의 인권 차별 실태를 적나라하게 보여 주는 작품입니다. 임순례·정재은·박광수·박진표·박찬욱·여균동 등 여섯 명의 감독이 인권이라는 주제에 각자의 방식으로 접근하여, '그녀의 무게' '그 남자의 사정' '대륙횡단' '신비한 영어나라' '얼굴값' '믿거나 말거나, 찬드라의 경우' 이렇게 여섯 편의 에피소드를 만들어 냈습니다. 그중 여균동 감독의 '대륙횡단'은 다큐멘터리 형식을 빌어 선 굵은 목판화처럼 투박하게 관객에게 장애인의 현실을 각인시킵니다.

대부분의 상업영화에서 장애인에 대한 카메라의 시선은 개인적 차원에서의 '비장애인과 맞먹는' 성취, 즉 '인간 승리'나 '가족애'에

초점을 맞추는 경우가 대부분입니다. 반면 '대륙횡단'은 장애인의 있는 그대로의 삶과 권리 찾기에 집중했다는 점에서 의미 있는 영화라 생각됩니다. 여균동 감독은 사전 인터뷰에서 "이 영화는 다른 사람이 되어 보는 연습이다. 관객들이 보고 그들 안에도 다른 사람이 있다는 사실을 느끼도록 하고 싶다."라고 말했습니다.

감독은 수많은 장애인들을 만나 이야기를 들어 본 후, 그들이 일상에서 겪은 일들을 각각의 에피소드로 구성했다고 합니다. 이처럼 인상적인 사연들을 짤막하게 나누어 찍은 이유에 대해, 감독은 이 땅의 장애인들이 처한 상황을 한 에피소드로 국한시킬 수는 없으며 총체적으로 보아야 하기 때문이라고 덧붙입니다.

'대륙횡단'의 등장인물 대부분은 실제 장애인이며, 특히 뇌성마비 1급인 김문주 씨는 실명 그대로 주연을 맡아 화제를 모았습니다. 이 영화는 김문주 씨 혹은 김문주 씨와 같은 장애인들이 경험한 상황과 느낌들을 '18년 만의 외출' '이 감정을 알아?' '친구' '이력서' '약혼식' '음악감상 시간' '횡재' '내가 본 것' '예행연습' '셀프카메라' '대륙횡단' 등의 소제목을 달아 열세 편의 에피소드로 연결해 냈습니다.

외출하려고 힘들게 목발을 짚고 나와 현관문을 잠그려다 열쇠를 떨어뜨린 순간, 이웃집 아주머니가 달려와 "어머나, 힘든데 어디 갔다 오는 모양이로구나? 문주야, 내가 도와줄게. 교회에도 꼭 나오렴!"이라며 도로 집 안으로 밀어 넣는 장면이라든지('18년 만의

외출'), 마음 속으로 좋아하던 여자를 만나러 나가지만 차마 고백을 하지 못하고 돌아오는 장면('이 감정을 알아?'), 친지의 약혼식에 가려고 온 가족이 부산을 떨며 외출 준비를 하는 동안 어머니가 문주에게 "밥이나 잘 먹고 있어."라고 말하는 장면('약혼식') 등은 장애인이 스스로 때문이라기보다 주위 사람들 때문에 고립되고 있다는 사실을 잘 보여 줍니다.

지하철 출입구에서 〈소녀의 기도〉 멜로디와 함께 느릿느릿 움직이는 리프트를 타고 올라가는 장애인의 모습과 종종걸음으로 계단을 뛰어 내려가는 승객의 모습을 한마디 대사도 없이 대비시킨 장면('음악감상 시간')은 우리 사회에서 장애인의 '이동'이 얼마나 힘든 일인지에 대한 무언의 웅변입니다. 그리고 목발을 짚고 지하보도에서 밖으로 올라왔다가 우연히 바닥에 떨어진 동전을 줍고 회심의 미소를 짓는 순간, 지나가던 사람들이 거지에게 동냥하듯 동전을 던지는 장면('횡재')은 '이동'의 물리적 어려움도 힘들지만 주위의 무례한 '시선'이 더 장애인을 힘들게 만드는 것은 아닐지 생각케 합니다.

장애인 이동권* 투쟁 시위로 잡혀 간 친구를 생각하며 주인공이 집 앞 도로에서 홀로 목발을 짚고 차도를 왕복하는 장면('예행연습') 그리고 셀프 카메라로 비틀린 발을 찍으며 "이 못생긴 발은 나에게 고통을 주지만 나는 이 발로 그곳을 건널 것이다."라고 말하는 장면('셀프 카메라')은 자신의 불편한 처지를 인정하고 그 상황에서 최선을 다하려는 주인공의 의지를 단적으로 드러내 가슴을 뭉클하게 합니다.

결말 부분, 광화문 네거리에서 신호를 무시하고 대각선으로 도로를 건너는 주인공과 그를 둘러싼 자동차와 사람들을 부감• 으로 잡아 낸 장면('대륙횡단')은 앞의 모든 상황들을 아우릅니다. 위험을 무릅쓰고 휠체어를 탄 채 1인 시위를 하며 "나 갈래! 나 갈 거야!"라고 외치는 주인공의 목소리가 교통경찰의 호각 소리에 묻히는 마지막 장면은, 장애인으로 산다는 것은 감옥살이나 매한가지라는 어느 장애인의 말을 실감케 합니다.

1. 장애인 이동권

일반적으로 접근권과 함께 논의되거나, 접근권의 하위 권리로 이해됩니다. 접근권이란 장애인이 비장애인과 대등하게 교육·직업·문화를 향유하고 사회에 참여하기 위해 원하는 공간에 접근하는 데 제약을 받지 않을 권리입니다. 따라서 장애인 이동권이란 단지 교통 시설의 제약을 극복하는 것뿐만 아니라, 인간이 누릴 수 있는 기본권 보장의 문제로 이해해야 할 것입니다.

2. 부감俯瞰

본래 높은 곳에서 굽어 내려다본 것처럼 그리는 회화 기법으로, 새가 내려다본 모습 같다고 '조안각(bird's eye view)'이라고도 합니다. 부감으로 찍은 화면은 마치 초월적 존재가 하늘에서 내려다보는 느낌을 주는데, 피할 수 없는 운명적 사건이나 앞으로 전개될 암울한 상황을 예고할 때 주로 쓰입니다. 〈샤이닝〉(스탠리 큐브릭, 1980)의 오프닝 시퀀스와 〈공동경비구역 JSA〉(박찬욱, 2000)의 판문점 팔각정 장면, 〈번지 점프를 하다〉(김대승, 2001)의 처음과 마지막 장면에 부감 기법이 쓰였습니다.

함께 나눌 이야기

1. 거리에서 장애인과 마주친 적이 있나요?

길잡이 TV나 영화에서 말고는 막상 잘 생각이 나지 않는다고 말하는 친구들이 많습니다. 그런데 잠깐, 바로 여기서 중요한 의문이 생깁니다. 왜 우리는 학교·놀이동산·극장·미술관 등 일상적 공간에서 자연스럽게 장애인과 만날 수 없는 것일까요? 이 의문에 대한 해답 역시 장애인의 삶을 다룬 영화들을 통해 유추해 볼 수밖에 없는 실정이니, 이런 현실이 바로 장애인 문제의 핵심이 아닐까 하는 생각이 듭니다. 〈말아톤〉(정윤철, 2005), 〈사이먼 버치〉(마크 스티븐 존슨, 1998), 〈포레스트 검프〉(로버트 제멕키스, 1994) 같은 작품들은 주로 장애를 잘 받아들이고 무언가를 이룬 개인의 영웅적 면모에 초점을 맞추었습니다. 〈나의 왼발〉(짐 셰리든, 1989), 〈기적의 가비〉(루이스 만도키, 1987), 〈프리다〉(줄리 테이머, 2003), 〈샤인〉(스콧 힉스, 1996)은 장애를 예술적 승화로 이끌어 간 개인에 대한 영화들입니다. 할리우드에서는 〈레인 맨〉(배리 레빈슨, 1988), 〈니키와 지노〉(로버트 영, 1988), 〈아이 엠 샘〉(제시 넬슨, 2001)같이 가족간의 치유와 화해로 해피엔딩을 맞는 영화가 주류를 이룹니다. 또한 〈안녕하세요 하나님〉(배창호, 1987), 〈제8요일〉(자코 반도르말, 1996), 〈길버트 그레이프〉(라세 할스트룀, 1994), 〈오아시스〉(이창동, 2002), 〈조제, 호랑이 그리고 물고기들〉(이누도 잇신, 2004) 등은 장애인에 대한 사회적 냉대와 편견을 부각시키며 담담하게 장애인의 일상을 그려 냅니다.

2. 장애인에 대한 선입견, 혹은 장애인 자신이 느끼는 차별이 좀처럼 개선되지 않는 이유는 무엇일까요?

길잡이 한국의 장애인은 1960~1970년대 개발 독재 시대의 '산업 역군'에도 끼지 못했고, 1980년대 군부 독재 시대에는 생색내기용 정책에 시혜와 동정의 대상으로 전락하여 이중 삼중으로 소외되어 왔습니다. 지금도 대한민국에 사는 비장애인 상당수는 식당에 가면 '아무거나' '빨리' 되는 걸로 '통일'해 주세요! 라는 말을 다반사로 합니다. 이렇게 사회 전반에 만연한 무취향과 조급증은 비장애인과 '다르게' 그리고 '느리게' 살고 있는 장애인들을 은연중에 차별하고 마음 아프게 하는 것은 아닐까요?

최근 잘 먹고 잘 살자는 웰빙 문화가 인기입니다. 하지만 삶의 질은커녕 최소한의 권리조차 제대로 누릴 수 없는 현실에서, 장애인이 피부로 느끼는 상대적 박탈감과 차별은 과거보다 훨씬 심해질 수밖에 없습니다. 교육을 받고, 직업을 갖고, 문화를 향유하는 일과 그 바탕이 되는 이동권은 장애인에게 선택이 아니라 필수 요건입니다. 인간답게 살고자 하는 생존권과 행복추구권은, 굳이 인권선언문을 들먹이지 않더라도 같은 하늘 아래 살아가는 어느 누구에게나 필요하고 충족되어야 할 권리이기 때문입니다.

3. 장애인 이동권이 중요하게 부각되고 있는 이유는 무엇일까요?

길잡이 대중교통을 이용할 때 겪게 되는 차별은 장애인의 개인적·사회적 욕구 실현을 원천 봉쇄합니다. 친구나 애인을 만나기 위해 이동하고 싶어도 이동 수단이 없고, 구직 활동을 할 수가 없어 생계에 어려움을 겪기도 합니다. 교육을 통해 자기 계발을 하려 해도, 이동이 자유롭지 못하다면 결코 쉬운 일이 아닐 것입니다. 정치적 권리를 행사하지 못하는 일도 다반사입니다. 따라서, 장애인 이동권의 박탈은 장애인이 사회 구성원으로서 살아갈 수 있는 자격을 박탈하는 것이라고 생각해 볼 수 있습니다. 이동은 곧 사회에 대한 참여로 이어지기 때문입니다.

4. 장애인 시위대가 이동권 보장을 요구하며 지하철이나 버스를 점거하는 행위는 정당한가요? 만약 내가 점거된 버스나 지하철의 승객이라면 어떻게 행동할지 친구들과 이야기 나누어 보세요.

〈여섯 개의 시선〉 중

믿거나 말거나, 찬드라의 경우

감독 박찬욱(2003년, 한국)
등장인물 라마 칸찬 마야(찬드라 꾸마리 구룽), 오달수(경찰서장), 김익태(정신과 의사), 백지원(부녀보호소 직원), 이재용(출입국 관리사무소 직원)
배경 20세기, 한국 · 네팔
상영 시간 28분(12세 관람가)

무관심과 무능, 안일함이 빚어낸 총체적 비극

믿거나 말거나, 이 영화는 정신병자로 오인받아 육 년 남짓 정신병원에 갇혀 있었던 네팔인 여성 노동자 찬드라 씨의 실화를 재구성한 것입니다. 이 영화는 화면 대부분을 찬드라 씨의 시점 숏*으로 찍고, 감독 자신이 직접 인터뷰를 하는 형식으로 찬드라 씨와 관련된 가해자들의 모습을 촘촘히 화면에 엮어 냅니다. 그러나 한국에서의 찬드라 씨는 실제 모습으로 등장하지 않고, 목소리도 다른 네팔 여성이 대신 연기한 것입니다. 감독이 네팔에 찾아가 찬드라 씨를 직접 인터뷰하며 영화를 마무리한 것은 주제에 알맞는 성실한 접근으로 보입니다.

무엇보다 이 영화가 돋보이는 점은, 이 나라에서 온전히 이방인인 찬드라 씨의 눈에 비친 각양각색의 사람들을 찬드라 씨의 입장에서 화면에 담아내기 위해 줄곧 카메라의 높이와 거리, 깊이, 화면의 톤 등을 조절했다는 것입니다. 이렇게 '찬드라 정신병원에 집어넣기(방치하기) 프로젝트'에 연루되었던 사람들을 마주하다 보면, 그동안 이주 노동자*를 무심히 지나쳤거나 은연중에 차별해 온 자신의 모습을 발견하게 될지도 모릅니다.

1990년대 어느 날, 서울의 한 공장에서 보조 미싱사로 일하던 찬드라 꾸마리 구룽은 공장 근처 분식점에서 라면을 시켜 먹습니다. 뒤늦게 지갑이 없다는 것을 발견한 찬드라 씨는 계산을 못해 쩔쩔매고, 식당 주인은 그녀를 경찰에 넘깁니다. 한국어를 거의 못하는 그녀를 경찰은 행려병자 취급합니다. 결국 찬드라 씨는 정신병원, 그다음엔 부녀보호소로 이송됩니다. 한국인과 외모가 비슷하다는 이유만으로, 자신은 네팔인이라고 아무리 말해도 전혀 도움을 받지 못하고 그 후로 육 년 사 개월 동안 격리 시설에서 갇혀 지낸 것입니다.

경찰은 "(네팔 사람은) 생긴 게 우리랑 똑같아 정말 헷갈린다."며 "아니, 우리가 언제 네팔 사람을 본 적이 있어야죠."라고 변명합니다. 정신병원 의사들은 의사소통이 안 되고 눈을 맞추려 들지 않는다는 이유로 찬드라 씨를 우울증 환자라 진단합니다. 하지만 치료비도 지불할 수 없는 신원불명의 환자를 장기간 떠맡아 주는 병원은 없습니다. 병원에서는 네팔 영사관에 전화를 걸어 도움을 청하

지만, 영사관에서는 네팔 말을 하는 직원이 없다며 다시 경찰에 책임을 떠넘깁니다. 경찰 역시 자신들이 맡을 수 없는 일이라며, 찬드라 씨를 부녀보호소로 보내야 한다고 말합니다. 경찰은 "이걸 어떻게 말해야 하나? 나중에 알고 보니 (찬드라 씨는) 다른 네팔인에 의해 실종 신고가 되어 벽보가 붙었음에도 불구하고……. 등잔 밑이 어둡다는 말도 있듯이……."라고 말끝을 흐리다가 "사실 우리가 몰랐다기보다는 뭐, 솔직히 까먹은 거지 뭐~!"라는 궁색한 변명을 합니다. 찬드라 씨가 부녀보호소로 이송되자, 보호소 직원은 여기가 정신병 고쳐 주는 곳이냐고 짜증스레 말합니다. 찬드라 씨가 어떤 대접을 받았을지는 여러분 상상에 맡기겠습니다. '오 년 후'라는 자막이 뜬 다음, 보호소 내 담당 의사는 "도대체 무슨 말이 통해야 치료를 하죠?"라고 반문합니다.

한국에서 고통을 당하는 부분에 찬드라 씨는 목소리로만 등장합니다. 카메라가 포착하는 것은 찬드라가 만난 사람들—분식집 주인, 공장주, 경찰, 정신병원 의사와 간호사, 부녀보호소 직원, 출입국 관리사무소 직원, 파키스탄 노동자—과 그들의 불편한 '시선'입니다. 그래서인지 찬드라 씨의 눈에 비친 세상은 비정한 느낌의 청회색으로 채워집니다. 하나의 답만을 가진 사회를 상징하듯 모노톤의 화면입니다. 하지만 네팔에서의 인터뷰 장면은, 아름다운 자연과 네팔인들의 원색적인 의상만큼이나 다양하고 선명한 색상으로 그려지고 있습니다.

한국에서는 정신병자에 행려병자, 신원불명자 취급받던 찬드라 씨였지만, 박찬욱 감독이 네팔에서 수소문 끝에 찾아낸 찬드라 씨는 얼마나 밝고 평화로운 미소를 띠고 있었던지……. 이는 흑백 화면(한국)과 컬러 화면(네팔)만큼이나 뚜렷한 대비를 이룹니다. 그리고 카메라가 잡아 낸 이 두 공간의 간극에는 약자에 대한 차별과 편견, 사회적 폭력에 대한 불감증이 놓여 있는지도 모르겠습니다.

네팔에 온 박찬욱 감독은 찬드라 씨에게 "한국의 정신병원에 다 합쳐서 얼마나 있었어요?"라고 묻습니다. 찬드라 씨는 "육 년 사 개월이오."라고 똑똑한 한국어 발음으로 대답합니다. 소수자에 대한 무관심이 한 인간을 얼마나 끔찍한 세월 속에 가두었는지를 '육 년 사 개월'이라는 구체적 숫자로 관객에게 각인시키려는 직설 화법인 게지요.

마지막 장면, 취재를 마치고 돌아가는 한국인 스태프의 모습을 네팔인이 내려다봅니다. 그가 앉아 있던 담벼락에 쓰인 글씨, 네팔(NEPAL)이라는 국명을 Never Ending Peace And Love라고 풀어 쓴 문구를 클로즈업시키는 마지막 장면이 매우 인상적입니다. 이 문구는 〈믿거나 말거나, 찬드라의 경우〉의 영어 제목으로 사용되었습니다.

1. 시점 숏 point of view shot

등장인물의 시점 위치에서 촬영하며 그 인물이 보고 있는 대상을 보여 주는 기법으로, 관객의 감정이입을 유도하는 효과가 있습니다. 〈죠스〉(스티븐 스필버그, 1975)에선 상어, 〈이재수의 난〉(박광수, 1999)에선 까마귀의 시점 숏으로 바라본 인간 군상이 포착되었습니다. 〈믿거나 말거나, 찬드라의 경우〉에서 관객은 이주 노동자에 대한 편견을 찬드라 씨의 눈높이로 숙고하게 됩니다.

2. 이주 노동자

대중매체에서는 외국인 노동자로 칭하지만, 학술용어로는 이주 노동자가 통용됩니다. 출입국 관리법상의 체류 기간을 넘기며 취업 중인 외국인은 흔히 '불법 체류자'로 칭해집니다. 이주 노동자의 상당수가 임금 체불, 욕설, 폭력에 시달립니다. 필리핀인을 위한 한국어 교본에 "제발 때리지 말고 말로 하세요."라는 예문이 실렸을 정도입니다. 〈세 번째 시선〉의 '잠수왕 무하마드'(정윤철, 2006)와 〈별별 이야기〉 중 '자전거 여행'(이성강, 2005)은 이주 노동자의 인권 실태를 뚜렷이 보여 줍니다.

함께 나눌 이야기

1. 영화의 소재가 한국에서 발생한 사건이고, 90퍼센트 이상을 국내에서 촬영했음에도 불구하고 국내에서 찍은 부분에 찬드라 씨의 얼굴이 한 번도 등장하지 않는 이유를 '인권'과 관련해서 생각해 보세요.

길잡이 사전 인터뷰에서 감독은, 과거 있었던 일을 재연해야 했는데 찬드라 씨는 이미 네팔로 돌아간 상태였고 연기를 할 수 있는 네팔인 여성을 찾지 못해 고육지책으로 시점 숏을 택할 수밖에 없었다고 했습니다. 또한 이전부터 이방인의 눈으로 본 한국 사람들의 모습을 담고 싶었다며, 찬드라 씨의 비극은 특정한 악인의 괴롭힘 때문이 아니라 여러 사람들의 무관심과 무능, 안일한 대응이 합동으로 빚어낸 사건이라고도 말했습니다. 이같은 총체적 무관심을 보여 주고 싶었기에 시점 숏을 택했다는 것입니다. 덕분에 〈믿거나 말거나, 찬드라의 경우〉는 단편치고는 비교적 많은 인물이 등장하는 작품이 되었으며, 정작 주인공은 화면에서 빠져 있지만 대신 주인공의 눈에 비친 한국인들의 천태만상의 그려 내 관객에게 역지사지의 감정을 일으킵니다. 시점 숏은 한국에서 고통을 당한 주인공을 대상화하지 않고 그의 시선에 맞추어 따라간다는 점에서도 '이주 노동자의 인권'이라는 주제와 잘 맞아떨어지며, 내용에 적합한 형식을 취했다는 점에서 높이 평가할 만합니다.

2. 부녀보호소에서 주어진 이름 '선미' 대신 '찬드라 꾸마리 구룽'을 고집하고 네팔인 사업가가 찬드라 씨를 찾아와서 한국어로 "안녕하세요?"라고 이야기 하자 "네팔 사람 아니야!"라고 말하는 찬드라 씨의 행동을 이해할 수 있나요?

3. 이주 노동자가 한국에서 받고 있는 차별 사례를 살펴보고, 이러한 차별들의 중심에 놓여 있는 것이 무엇인지를 생각해 보세요.

길잡이 우리는 인간이라면 누구나 생명·자유·행복을 추구하고 인간답게 살 권리가 있다는 말에 동의합니다. 하지만 현실적으로 우리 곁에는 언제나 사회적 약자와 소수자에 대한 차별이 존재합니다. 인권의 사각지대에 놓인 외국인 노동자들 역시 인종적 편견, 임금 체불, 불법 체류자라는 불안한 신분 등으로 단 하루도 편안히 살아갈 수 없는 형편에 처해 있습니다. 합법이든, 불법이든 간에 우리의 필요로 채용한 이주 노동자를 기계 부품처럼 닳도록 써먹은 다음 규제를 강화해 차별하고 내몬다면 과연 정당한 일일까요? 이주 노동자들은 "유엔 이주민 협약에서는 인간으로서 자유롭게 이주하고 노동할 권리—인간의 기본권—가 어느 국가에서든 보장되어야 한다고 천명하고 있다. 이는 1990년 유엔총회에서 통과

되어 국제 인권 규약으로 효력을 가지게 된 내용이며, 이주 노동자 또한 이에서 제외되지 않는다."고 지적합니다. 하지만 정부는 이 협약 비준 요구에 대해 시기상조 운운하며 이주민의 권리를 무시하고 있는 형편입니다. 인권보다 경제적 논리와 비뚤어진 우월감이 앞선 것입니다. 한국은 대외적으로 유엔 인권 이사회 이사국이며 유엔 사무총장을 배출한 국가임에도 불구하고, 국가적 인권 실천력과 개개인의 인권 감수성은 매우 낮은 편입니다. 2007년 2월 여수 외국인 보호소 화재 참사 때 정부의 태도나, 2008년 이후 더욱 격심해진 불법 체류자 집중 단속과 출입국 관리법 개악 시도 등은 한국의 부끄러운 인권 수준을 여지없이 보여 줍니다.

〈별별 이야기〉 중 사람이 되어라

감독 박재동(2005년, 한국)
등장인물 김원철, 아버지, 선생님, 장수풍뎅이, 알락하늘소, 넓적사슴벌레
배경 21세기, 한국
상영 시간 13분(전체 관람가)

차별의 사각지대, 학생 인권

'사람이 되어라'는 학생들이 겪는 폭력적인 상황들을 직접적으로 묘사하며 학교를 억압의 공간으로 부각시키는 대신, 우화적 기법으로 학교 현실을 꼬집은 영화입니다. 이 작품은 국가인권위원회에서 기획한 옴니버스* 애니메이션 〈별별 이야기〉 중의 한 단편으로, 일상적이고도 오래된 차별인 학력 차별과 학생 인권 문제를 다루었습니다.

미술 교사 경험이 있는 박재동 감독은, 자신이 학생이던 때나 학생을 가르치던 때나 별반 달라진 게 없는 학교 현실을 꼬집으며, "학생들의 꿈은 오직 대학이고, 학교에선 대학 가야 사람이 된다고 가르칩니다. 본래 '사람이 돼라.'는 말은 인격을 갖추라는 뜻인데, 현재

의 학교 교육은 그와는 거리가 멉니다. 제가 강조하고 싶은 점은, 나중에 사람이 되는 게 아니라 지금도 사람이니 사람답게 대해 주자는 것입니다."라고 덧붙이고 있습니다.

곤충 표본들이 가득한 방 안, 곤충에게 이야기하는 한 아이의 목소리가 들립니다. 장수풍뎅이에게 젤리와 바나나를 권하며 "밥맛도 없고, 죽을 맛이야."라고 말하는 주인공 원철이는 고릴라 얼굴을 하고 있습니다. "성적이 이 모양인데 벌레나 들여다보다니, 이래서 너 언제 사람 될래?"라는 아버지의 꾸중을 듣고 원철은 무거운 가방을 짊어진 채 집을 나섭니다. 놀랍게도 등굣길 학생들은 모두 고릴라와 원숭이같이 짐승 얼굴을 하고 있습니다. '진화고등학교'라는 팻말 위엔 '먼저 사람이 되어라'라는 교훈(校訓)이 적혀 있습니다.

교실에서도 원철은 줄곧 집에서 데려온 장풍이(장수풍뎅이)와 장난을 칩니다. 혀 안으로 장풍이 감추기, 장풍이 물구나무 세우기 등의 묘기에 학생들은 환호하지만 그것도 잠시. 선생님이 복장 검사를 시작하고, 피어싱이나 염색을 한 학생들에게는 따가운 눈총과 함께 "꼭 공부 못하는 것들이 항상 이렇다니까."라는 폭언이 이어집니다.

집에 돌아와서도 원철은 아버지에게 "벌레가 그렇게 좋으면 아예 숲에 가서 살아라. 사람 안 될 거냐?"라는 꾸중을 듣습니다. 그리고 다음 날 등굣길, "정말 숲에서 살면 좋겠다."는 원철의 혼잣말은 마법의 주문이 되어 원철을 숲으로 인도합니다. 원철은 평소에 관

심 있었던 하늘소와 넓적사슴벌레를 관찰하며 이들의 생태를 노트에 적습니다. 학교에서는 부적응자처럼 보이지만, 숲 속에서 좋아하는 곤충들을 관찰할 때는 원철에게도 진지함과 생기가 넘쳐 납니다.

잠시 후 원철은 칵테일 파티를 여는 곤충들 사이에서 장풍이를 발견하고 합석합니다. 곤충들은 "웰빙®이 별거냐?"며 버드나무 수액을 권하고, 원철은 받아 마십니다. 사슴벌레가 학교에는 왜 가냐고 묻자 원철은 "사람 되려고, 사람이 된 다음에 너희들을 연구하면서 살고 싶어."라고 대답합니다. 어떻게 하면 사람이 될 수 있냐는 곤충들의 질문에 원철은 "우리 아버지가 그러는데 남을 돕고 공부 열심히 하면 된대!"라고 말합니다. 곤충들은 "공부가 뭔데? '공공의 부자' 되는 거?"라며 촌철살인의 대사를 던지고, 원철은 자신이 잘못된 게 아니라는 자신감을 얻습니다.

원철이 교실에 들어서자, 친구들은 원철이 사람이 되었다고 놀

랍니다. 원철 역시 거울을 보고는 "이게 나야?"라며 놀랍니다. 하지만 선생님은 "왜 네 맘대로 사람이 되고 그래? 아직은 사람 되면 안 돼. 사람은 너희들 맘대로 되는 게 아니란 말이다."라고 소리칩니다. "선생님이 사람 되라고 하셨잖아요?"라는 원철의 질문에, 선생님은 "그건 대학 가서 되는 거야! 네 원래 모습으로 돌아가란 말이다!"라고 다그치며 분필로 정수리를 쿡쿡 찍습니다. 잠시 고릴라로 돌아가는 듯하다 다시 사람 얼굴이 된 원철은, 창문을 뛰어넘어 숲 속으로 달려갑니다.

숲 속에서 하늘소들의 씨름 시합을 구경하던 원철은 담임과 교장, 그리고 아버지의 목소리를 듣습니다. 교문 밖으로 나간 학생에게 "나중에 진짜 사람이 되면 지금보다 훨씬 더 행복할 수 있다."라고 회유하는 교장과 담임 선생님, "전 지금 행복해지고 싶어요!"라고 외치는 원철, "좋은 대학 나오지 않으면 사람 취급도 못 받는다."

먼저 사람이 되어라

라며 사람 탈을 벗고 고릴라의 얼굴로 변하는 아버지……. 학생 인권이 어디서부터 꼬였는지, 또 어디서부터 풀어내야 할지 갈피를 잡을 수 없는 이 삼각 구도(교사, 학생, 학부모)는 마치 뫼비우스의 띠를 보는 듯합니다.

원철이 아버지를 바라보며 글썽이는 눈물 사이로 나비 채집, 수액 칵테일 파티, 씨름 구경에 빠져 있던 행복한 순간들이 플래시백(flashback: 과거 회상 장면을 삽입하는 기법)으로 짧게 스쳐 갑니다. 다시 고릴라로 변해 고개를 떨어뜨리고 학교로 걸어가는 원철의 뒷모습에 이어 '진정 즐길 줄 아는 여러분이 이 나라의 챔피언입니다.'라고 외치는 가수 싸이의 〈챔피언〉이 흐르며 엔딩 크레디트가 올라갑니다. 그리고 흥겨운 리듬에 맞춰 춤추는 주인공의 모습이 어두운 칠판 배경에 하얀 분필로 실루엣 처리되는데, 마치 어두운 현실 속에서도 자아를 찾기 위해 몸부림치는 우리 학생들의 모습을 보는 듯합니다.

1. 옴니버스omnibus

하나의 테마 아래 만들어진 독립된 단편들이 하나의 작품을 이루는 형식을 말합니다. 국내 옴니버스 영화로는 〈쓰리, 몬스터〉(박찬욱·미이케 다카시·프루트 챈, 2004), 〈1.3.6〉(이영재·송일곤·장진, 2004), 〈다섯 개의 시선〉(박경희·류승완·정지우·장진·김동원, 2005), 〈내 생애 가장 아름다운 일주일〉(민규동, 2005), 〈시선 1318〉(김태용·이현승·전계수, 2008) 등이 있습니다. 한 주제에 대해 다양한 각도로 생각해 볼 수 있다는 장점이 있습니다.

2. 웰빙well-being

웰빙 개념은 반전운동과 민권운동을 계승한 미국인들 사이에서 처음 나타났습니다. 물질적 가치를 좇는 고도 자본주의 문명에 저항하여, 육체와 정신의 조화를 통해 건강과 행복을 추구하는 생활양식입니다. 한국에서는 대중매체를 통해 퍼지면서 유기농 식품이나 미용 등 소비 측면만 확대되고 상업적으로 이용되는 경향이 있습니다. 웰빙, 즉 '참살이'란 '잘 먹고 잘 사는 것'에 앞서 심신을 풍요롭고 건전하게 유지하려는 삶의 태도로 이해해야 할 것입니다.

함께 나눌 이야기

1. '19세기 교실에서 20세기 선생님이 21세기 아이들을 교육한다.'라는 말이 있습니다. 이 말의 뜻을 새겨 보고, 교권과 학생 인권 모두가 존중되려면 먼저 어떤 노력들이 있어야 할지 이야기 나누어 보세요.

2. 이 작품에 나오는 고등학생들이 원숭이나 고릴라로 표현된 이유는 무엇일까요?

길잡이 감독의 변에서 알 수 있듯이 '먼저 사람이 되어라.'라는 말은 원래 인격을 갖추고 나서 지적인 소양이나 기술을 닦아야 한다는 의미였지만, 입시 지옥 21세기 대한민국의 학생에게는 대학에 합격할 때까지 사람임을 포기하고 공부하는 기계가 되도록 강요당하는 현실을 의미합니다. 복장 검사, 두발 검사, 소지품 검사 등의 통제는 일본 제국주의 교육의 잔재로, 우월한 교육자가 미개한 피교육자를 지도하고 훈육하여 말 잘 듣는 신민(臣民)으로 만들어야 한다는 식민지 지배 논리에서 비롯된 것입니다. 또한 이들이 다니는 학교 이름이 '진화고등학교'라는 점은 대학에 가야 사람으로'진화'된다는 명목하에 학생들을 수동적 존재로 가두고 성적으로 서열을 매겨 통제하고 억압하는 현실을 상징적으로 꼬집은 것이라 볼 수 있습니다.

3. 최근 체벌 금지, 두발과 복장의 자유 등의 내용을 담은 학생인권조례 제정과 관련하여 학생, 교사, 학부모, 교육기관 간에 논란과 갈등이 이어지고 있습니다. 학생인권조례의 내용을 알아보고 현 사안에 대한 자신의 견해를 말해 보세요.

4. 학교의 현실을 다룬 영화로는 어떤 것들이 있는지 알아보세요.

길잡이 학교의 현실을 가장 충격적으로 보여 준 영화로는 〈핑크 플로이드의 더 월〉(앨런 파커, 1982)을 꼽을 수 있습니다. 똑같은 가면을 쓴 학생들이 차례차례 고기 분쇄기 속으로 밀려 들어가 소시지가 되어 나오는 장면은, 획일적인 인간형을 찍어 내는 학교의 현실을 상징적으로 보여 주었습니다. 한편 미국에서 만들어진 〈언제나 마음은 태양〉(제임스 크라벨, 1967), 〈죽은 시인의 사회〉(피터 위어, 1989), 〈홀랜드 오퍼스〉(스티븐 헤렉, 1995), 〈스쿨 오브 락〉(리처드 링클레이터, 2003), 〈프리덤 라이터스〉(리처드 라그라베네스, 2007) 같은 작품들은 전형적 할리우드식 해피엔딩으로 긍정적 교사상을 그려 낸 데 비해, 〈여고괴담〉 시리즈(1998~2009), 〈죽거나 혹은 나쁘거나〉(류승완, 2000), 〈친구〉(곽경택, 2001), 〈말죽거리 잔혹사〉(유하, 2004), 〈스승의 은혜〉(임대웅, 2006) 같은 한국 영화들은 학생들에게 가해지는 물리적·정신적 폭력을 적나라하게 묘사했습니다.

〈다섯 개의 시선〉 중 배낭을 멘 소년

감독 정지우(2006년, 한국)

등장인물 이진선(진선), 오태경(현이), 김춘기(노래방 주인), 김기천(택시 기사)

배경 21세기, 한국

상영 시간 27분(15세 관람가)

새터민은 '먼저 온 미래'입니다

평화(平和)의 한자를 자세히 뜯어보면, '평등하게(平) 곡식(禾)이 입(口)으로 들어가는 것'으로 풀이됩니다. 한마디로 '더불어 밥'인 셈입니다. 영화 〈웰컴 투 동막골〉(박광현, 2005)에서도, "어찌 이리도 마을이 평화로울 수 있느냐?"는 인민군 장교의 물음에 촌장은 "뭘 마이 미기야 대(뭘 많이 먹여야 돼)."라고 대답합니다. 동서고금을 막론하고 먹는 문제는 평화·인권과 직결되는 듯합니다. 우리가 흔히 탈북자라 부르는 새터민*의 인권도 이렇게 아주 단순한 시각으로 생각해 보는 것은 어떨까요?

대홍수와 기근이 있었던 1995년부터 북한 주민이 남한으로 건너오는 주된 이유는 경제적 어려움, 즉 '먹는' 문제였습니다(통계에 따르면 1995년 한 해 동안 북한 주민 300만 명 이상이 아사했다고 합니다). 1990년대 초 한 해 열 명 정도에 불과했던 탈북자 수는 1997년부터 급증했고, 2015년 통계에 따르면 탈북자 수는 총 2만 8천여 명으로 추산됩니다. 탈북자의 수가 급증하면서 그들의 남한살이는 탈북 과정만큼이나 험난하게 변했습니다.

'배낭을 멘 소년'은 국가인권위원회가 기획한 세 번째 인권 영화 〈다섯 개의 시선〉(2006)에 속한 단편으로, 〈해피 엔드〉(1999), 〈사랑니〉(2005), 〈모던 보이〉(2008) 등을 연출한 정지우 감독의 작품입니다. 한 인터뷰에서 탈북 청소년들을 '나이 어린 이산가족'이라 정의했던 정지우 감독은, 북한 소녀의 눈에 비친 남한 사회의 냉정함과 편견을 보여 주는 데 치밀한 공력을 들이고 있습니다.

영화의 첫 장면은 소년들 틈바구니에 끼어 대사관의 담을 넘으려다 실패하고 중국 공안에 끌려가는 소녀의 모습을 담고 있는데, 4:3 비율의 앵글 안에 '2000.1.11. AM 03:01'라고 실시간이 표시되어 마치 CCTV 화면을 편집한 다큐멘터리*를 보는 듯합니다. 화면이 어두워진 후, "소녀는 북송되었다가 다시 국경을 넘고 태국을 거쳐 2002년 한국에 들어왔다."라는 자막이 뜹니다. 나뭇잎 사이로 눈부시도록 밝게 비쳐 드는 햇살을 바라보는 자유도 잠시, 목숨을 걸고 대사관 담벼락을 넘었던 소녀 진선은 남한 사회에 더 큰 장벽이 있음을 깨닫습니다.

학생들은 점심시간에 진선을 에워싸고 "북한에서는 시체를 먹

는다며? 너, 인육 먹어 봤냐?" 라며 낄낄댑니다. 말문이 막힌 진선은 수화로 "아냐. 그건 아니야."라며 벙어리 행세를 합니다. 이때부터 영화는 위축되어 입 밖으로 소리를 내지 못하는 진선의 내면을 보여 주는 한편, 진선을 둘러싼 주위 사람들의 비틀린 편견을 구체적으로 그려 냅니다.

어느 날 진선은 오토바이 퀵 서비스 일을 하는 탈북 소년 현이를 만나고, 자신과 같은 처지인 그에게 마음의 문을 열게 됩니다. 둘 다 보호자 없는 탈북 청소년이긴 마찬가지지만, 아무래도 여성인 진선이 부당한 일을 더 자주 겪습니다. 노래방에서 아무리 열심히 일을 해도, 사십 대 남자 주인은 자존심 상하는 말을 던지고 뺨을 만지며 함부로 대합니다. 게다가 너저분한 구실을 붙여 월급까지 깎습니다. 진선은 현이를 찾아가 필담으로 도움을 청하고, 둘은 배낭을 메고 오토바이에 오릅니다. 억울하게 깎인 월급 액수만큼 1,000원짜리 콜라를 담아 오기 위해서입니다.

이들은 문 닫힌 노래방에 들어가 커다란 냉장고에서 콜라 오십 개를 꺼내 배낭에 담습니다. 오토바이가 배낭의 무게를 감당하지 못하자 이들은 택시를 잡아 탑니다. "조선족이신가? 어디에서 왔나?"라는 택시 기사의 질문에 현이가 북한에서 왔다고 정직하게 대답하자, 기사는 택시를 세우고 경찰서로 달려갑니다. 두 아이는 요금 18,480원 대신 콜라 캔 열아홉 개를 가지런히 놓고 도망칩니다. 집에 돌아와서 이내 마음이 편치 않아진 진선은 현이에게 가서 "노래방에 콜라 도로 갖다 놓고 싶습니다. 우리 사장님이 북한 사람 전부 도둑놈이라고 평생 얘기하고 다닐 겁니다."라고 쓴 쪽지를 보여 줍니다.

투덜대면서도 진선의 말을 따르는 현이를 향해, 진선은 남한에 온 후 처음으로 소리 내어 "남조선 애들보다 오토바이 천천히 타시오."라고 말합니다. 현이는 "내가 남한 애들보다 잘하는 게 오토바이 타는 것밖에 없는데……."라고 답합니다. 잠시 이어지는 침묵 뒤에 "1984년 9월 조선민주주의인민공화국 인민으로 태어난 소년은 2003년 1월 대한민국 시민으로 사망하였다. 오토바이 사고로 사망할 당시 그의 나이 열아홉이었다."라는 자막이 흐릅니다.

이어 끝이 보이지 않는 어두운 터널 안으로 진선과 현이가 질주하는 엔딩 장면은 과연 무엇을 상징하는 걸까요? 자막으로만 처리되는 현이의 비극적 죽음은, 홀로 남한에 내려와 의지할 곳 없이 살다 이 년이 안 돼 오토바이 사고로 숨진 열아홉 살 소년의 실화에서 따왔다고 합니다.

1. 새터민

'새로운 터전에서 삶의 희망을 갖고 사는 사람'이라는 의미로, 통일부에서 '탈북자'라는 용어 대신 쓰는 말입니다. 구체적으로는 북한 공민권을 소유하고 있다가 탈출하여 한국에 정착한 사람들을 칭하며, 해외 체류 탈북자와는 구별됩니다. 새터민의 수는 현재 2만 명이 넘었으며, 이들은 새터민의 정착을 돕기 위해 1998년 설립된 '하나원'에서 삼 개월의 사회 적응 훈련과 육 개월의 직업 훈련을 받은 후 대한민국 국민으로 인정받습니다. 북한의 경제 상황과 정책에 변화가 없는 한 탈북 추세는 더욱 가속화될 전망입니다.

2. 다큐멘터리documentary

'증거나 정보를 제공하기 위한 기록'을 뜻하는 도큐먼트(document)에서 나온 말입니다. 1895년 최초로 대중에게 공개 상영된 영화는 프랑스의 뤼미에르 형제가 기차역의 모습을 촬영한 일종의 다큐멘터리였습니다. 이누이트의 생활을 다룬 〈북극의 나누크〉(로버트 플라어티, 1922)는 최초의 다큐멘터리 영화로 인정받고 있습니다. 다큐멘터리 영화로는 〈송환〉(김동원, 2004), 〈비상〉(임유철, 2006), 〈식코〉(마이클 무어, 2007), 〈우린 액션배우다〉(정병길, 2008), 〈워낭소리〉(이충렬, 2008), 〈트루맛쇼〉(김재환, 2011), 〈님아, 그 강을 건너지 마오〉(진모영, 2014), 〈다이빙벨〉(이상호·안해룡, 2014) 등이 있습니다.

함께 나눌 이야기

1. 2006년 1월 통일부에서 제정한 용어 '새터민'의 상징적 의미를 생각해 보세요.

길잡이 새터민이란 '새로운 터전에서 삶의 희망을 갖고 사는 사람'이라는 뜻입니다. 새터민은 북한 공민권을 소유하고 있다가 경제적 혹은 정치적 이유로 북한을 떠나 한국에 정착한 사람들을 지칭하며, 주민등록증은 물론 선거권과 피선거권을 갖고 있는 어엿한 대한민국 국민입니다. 1990년대 초만 해도 한 해 열 명 정도에 불과했던 새터민의 수는 1997년부터 급증했고, 2015년 현재에는 2만 5천여 명으로 추산되고 있습니다. 우리는 '먼저 온 미래'인 새터민의 소리에 귀 기울이며 그들과 더불어 통일에 대비해야 할 것입니다. 새터민은 남북이 통일을 위한 가교 역할을 할 사람들이며, 통일 후의 남북한 융화를 미리 시험하기 위한 리트머스 종이와 같은 존재이기 때문입니다.

2. 이 영화에서, 똑같은 새터민이라도 여성인 진선은 더 큰 차별과 부당함을 겪습니다. 그 이유는 무엇일까요?

길잡이 분단 후 오십 년 넘게 지녀 온 골 깊은 적대감, 이십 년 넘는 군사 정권 시절에 주입된 반공의식, 그리고 경제적 우월감 때문에 탈북자들을 함부로 대하는 것인지도 모르겠습니다. 중국인들보다 더 못한 대접을 받는 현실 때문에 새터민들은 신분이 노출되는 것을 꺼리는 경우가 많고, '가족을 버리고 온 피도 눈물도 없는 인간'으로 취급받으며 힘겹게 삶을 꾸려 가고 있습니다. 새터민의 부적응은 눈앞의 경제적 어려움부터 유·무형의 차별, 소외와 고립, 이에 따른 정신적 외상과 심리 문제 등 남녀노소를 불문하고 다양한 형태로 나타납니다. 특히 탈북 청소년의 경우, 교육 수준의 격차가 심하고 정부의 지원 또한 한정적이기에 아직까지도 상당 부분 민간기관과 시민단체의 후원에 의지하고 있습니다. 대부분 검정고시 혹은 대안학교를 통해 힘들게 학업을 이어 가거나 아예 중도에 학업을 포기하는 까닭에 성인보다 부적응 정도가 더욱 심각합니다. 청소년기는 더욱 또래와 자신을 비교하며 정체성에 혼돈을 느낄 때인데, 부모님은 물론 일가친척 하나 없고 게다가 여성이라는 조건까지 더해진 무연고 탈북 소녀에겐 영화 속 진선 이상으로 기막힌 차별이 빈번히 발생할지도 모릅니다.

CINEMA

3. 새터민에 대한 교육과 정착금 지원 등의 제도적 뒷받침은 이주 노동자의 경우에 비하면 다소 나은 듯하지만, 사회적 편견에 시달린다는 점에서는 새터민이나 이주 노동자나 별반 차이가 없어 보입니다. 이 외에도 〈국경의 남쪽〉(안판석, 2006), 〈크로싱〉(김태균, 2008) 같은 영화를 통해 탈북 과정의 어려움과 새터민의 현실을 살펴봅시다.

천하장사 마돈나

감독 이해영·이해준(2006년, 한국)
등장인물 류덕환(오동구), 이상아(동구 엄마), 김윤석(동구 아빠), 백윤식(씨름부 감독), 이언(씨름부 주장), 박영서(종만), 초난강(일본어 선생님), 문세윤·김용훈·윤원석(씨름부 삼인방)
배경 21세기, 한국
상영 시간 116분(15세 관람가)
시나리오 자문 김비

천하장사처럼 씨름을 하고 마돈나처럼 춤을 추는
소년의 고군분투 정체성 찾기

장애는 말할 나위 없고 피부색, 인종, 국적, 나이, 성별, 외모, 학벌, 이념 등 차별의 근거가 많기도 한 우리 사회. 이 모든 잣대들로부터 완전히 자유로울 수 있는 사람은 과연 몇 명이나 될까요? 〈천하장사 마돈나〉는 아직 우리 사회에서 편하게 얘기하기 어려운 성적 소수자*의 인권이라는 무거운 주제를 시종일관 따뜻하고 밝게 풀어냅니다. 주인공이 성 정체성을 '찾아내고' 그런 스스로를 소중하게 여긴다는 점에서 〈천하장사 마돈나〉는 더욱 돋보이는 수작입니다.

주인공 동구는 어릴 적부터 엄마 립스틱을 훔쳐 바르고 마돈나의 〈라이크 어 버진〉이란 노래를 따라 부르던 소년입니다. 권투 챔피언이었던 아버지는 이제 건설 현장에서 굴착기 운전을 하지만, 늘 자신의 신세를 한탄하며 음주와 폭력을 일삼는 일그러진 가부장의 모습을 보입니다. 반면 어머니는 열일곱 살에 동구 아버지를 만나 동구를 낳았지만, 동구가 열일곱 살 되던 해 남편을 떠나 홀로 주경야독하며 자신의 꿈을 이루려 합니다. 그래서인지 자신의 성 정체성을 찾기 위해 노력하는 아들 동구를 진심으로 이해하고 응원해 줍니다.

동구는 어릴 적부터 꿈이었던 성전환 수술을 하기 위해 틈틈이 항구에 나가 잡역부 일을 하며 돈을 모으고 있습니다. 게다가 사춘기가 되어 일본어 선생님을 짝사랑하면서 여자의 몸으로 변신하려는 의지는 더욱 커져 갑니다. 하지만 아버지가 폭행 사건을 일으켜 어렵게 모은 수술비를 합의금으로 다 날리게 되자 동구는 친구 종만을 따라 씨름부에 들어갑니다. 전국 씨름 대회에서 우승하면 500만 원이라는 거액의 장학금이 나온다는 말에 귀가 솔깃해졌기 때문입니다.

동구를 보자마자 감독은 "소질 있어 뵌다. 오동구란 이름도 소질 있네!"라고 말하지만, 거친 남자들의 공간에 익숙지 않은 동구는 어리둥절할 뿐입니다. 무표정한 연습 벌레인 씨름부 주장 박준우는, 키도 작고 여려 보이는 동구를 처음부터 못마땅해하는 눈치입니다. 동구는 샅바를 스카프처럼 머리에 두르고 요염한 표정을 지으며 거울을 보다가 주장에게 들켜 비웃음을 사기도 하고, 씨름부 회식 자리에선 여성 댄스 가수 렉시의 〈애송이〉라는 노래를 현란한 춤과 함께 선보여 선배들을 당황케 합니다.

씨름부 선배들은 거구에 우락부락하게 생겼지만 사실은 매우 섬세하고 천진난만한 사람들로, 동구에게 자기들이 씨름을 가르쳐 줄 테니 그 대신 속성으로 춤을 가르쳐 달라 조릅니다. 선배들과의 연습으로 유연성, 버티기 등 자신에게 잠재된 소질을 발견한 동구는 헌책방에서 씨름 교본을 뒤져 밭다리, 배지기, 뒤집기까지 독학으로 연마하며 자신감을 얻습니다. 하지만 연모해 왔던 일본어 선생님을 향한 "제가 당당히 선생님 앞에 설 수 있을 때까지 조금만 기다려 주세요!"라는 고백은, "네 부모가 너를 그렇게 키우던?"이라는 싸늘한 대답으로 돌아옵니다. 동구의 씨름 실력은 일취월장하여 천하장사를 넘보지만 마돈나가 되는 길은 요원하기만 합니다.

씨름 대회 날, 동구는 아버지 앞에 원피스를 입고 나와 '이게 진짜 내 모습'이라며 자신을 인정해 달라고 말합니다. 아버지는 거대한 굴착용 디퍼를 동구의 머리에 내려찍을 듯이 바싹 들이대지만, 동구는 피하기는커녕 두 팔을 벌린 채 눈을 감습니다. 결국엔 굴착기에서 내려온 아버지가 주먹을 날리는 순간에도 그대로 구타를 당하면서 아버지를 응시할 뿐입니다. 격분한 아버지가 동구를 구석에 몰아넣고 난타하기 시작한 후에야, 동구는 자신을 방어하기 위해 아버지의 몸을 들어올려 처음으로 '뒤집기'를 성공시킵니다. 스스로도 놀라움을 금치 못하는 동구와, 저만치 나가떨어지는 아버지의 모습을 슬로모션* 으로 잡아낸 이 장면은 매우 인상적입니다. 한동안 넋이 나가 거리를 방황하던 동구는, 마돈나의 환영을 보고서야 정신을 차리고 경기장으로 달려갑니다.

동구는 한 경기 한 경기 침착하게 상대방을 제쳐 나가고, 마침내 박준우와 결승에서 맞붙습니다. 감독은 둘을 향해 "너희들, 행복이 뭔지 아냐? 지금처럼 심장이 쿵쾅쿵쾅거리는 거, 이게 행복이야! 가서 원없이 박 터져 봐!"라고 주문합니다.

감독이 무심코 동구에게 던졌던 '이름 한번 믿어 보라.'는 말이 마법의 주문처럼 작용한 것일까요? 동구는 버티기, 힘 빼기에 이어 급기야 씨름 교본에도 없는 웃기기 기술로 상대방의 균형을 흐트립니다. 공중으로 몸이 쳐들린 위기의 순간, 애써 힘을 주며 제압하려 하지 않고 온몸에 힘을 빼며 버텨 내어 역전승을 거둔 동구의 모습은 경기 전 아버지와의 싸움 장면이 그랬듯 '강한 것은 부드러운 것

을 이기지 못한다.'는 상선약수(上善若水)의 진리를 역설적으로 보여 줍니다.

마지막 장면에서, 여장을 한 동구가 씨름부 친구들이 응원하는 가운데 〈라이크 어 버진〉을 부르며 무대 위에서 눈물을 훔치는 모습은 오래도록 기억에 남습니다. 천하장사와 마돈나, 두 가지 바람을 모두 성취하게 된 주인공 오동구는 남과 다른 자신을 있는 그대로 받아들이고 당당하게 정체성을 드러냄으로써 그게 누구든 얼마나 다르든, '모든 사람의 인권은 저마다 소중하다.'는 사실을 일깨워 주고 있습니다.

1. 성적 소수자

성적인 특질로 인해 차별받는 집단을 말합니다. 최근에는 동성애자와 트랜스젠더를 함께 묶어 성적 소수자로 칭하는 경우가 많습니다. 〈로드 무비〉(김인식, 2002), 〈브로크백 마운틴〉(리안, 2005), 〈후회하지 않아〉(이송희일, 2006)가 동성애를 다룬 영화라면 〈헤드윅〉(존 캐머런 미첼, 2002), 〈나의 장밋빛 인생〉(알랭 베를리네, 1997), 단편영화 〈목욕〉(이미랑, 2007) 등은 트랜스젠더와 성 정체성 문제를 다룬 영화라 볼 수 있습니다.

2. 슬로모션slow motion

고속 촬영한 필름을 표준 속도로 영사하는 기법을 말합니다. 짧은 순간의 극적 사건을 느리게 재생하여 역동성을 강조하고 관객의 몰입을 고조시킵니다. 철학자 발터 베냐민은 "클로즈업이 공간을 확장시키는 데 비해 슬로모션은 움직임을 확장시킨다."고 지적했습니다. 〈아름다운 청년 전태일〉(박광수, 1995) 중 전태일이 몸에 불을 붙이며 거리로 뛰쳐나가는 장면, 〈300〉(잭 스나이더, 2006)에서 페르시아군과 스파르타군의 전투 장면에 슬로모션이 쓰였습니다.

함께 나눌 이야기

1. 동구가 처음 씨름부에 들어가 허드렛일을 할 때, 푸른색과 붉은색의 샅바를 한데 넣고 세탁하다가 모든 샅바를 보라색으로 만드는 장면이 나옵니다. 영화의 주제와 관련하여 이 장면이 상징하는 것은 무엇일지 생각해 보세요.

길잡이 남성적 스포츠인 씨름의 '천하장사'와 섹시한 여성의 상징인 가수 '마돈나'를 붙여서 제목을 지은 감독의 의도대로, 〈천하장사 마돈나〉는 전혀 어울릴 것 같지 않은 두 명칭의 부딪힘을 통해 색다른 재미를 전달합니다. 동구가 붉은색과 푸른색을 섞어 보라색으로 만든 것은 이분법적인 사회 통념을 깨고 푸른색(남성성, 천하장사)과 붉은색(여성성, 마돈나) 모두를 성취하겠다는 잠재의식을 은연중에 드러낸 장면이 아닌가 합니다. 나아가서는, 현실과 이상의 괴리에서 주저앉지 않고 유연하게 현실에 용해되어 꿈을 이뤄 낸 동구 자신의 모습을 색의 합성을 통해 웅변하고 있는 것으로 보입니다.

CINEMA

2. 남다른 면모 때문에 주목받는 인생이 있는가 하면, 남과 다른 모습 때문에 다른 사람의 질시를 받는 삶도 있습니다. 여러분은 어떤 경우에 차별을 받았는지 떠올려 보고, 어떻게 그 일을 극복했는지 되짚어 보세요.

길잡이 주목과 질시, 우월감과 열등감의 기준은 바로 사회가 유포한 '표준'과 '정상'의 이미지입니다. '정상'과 '비정상'으로 불리는 것은 종이 한 장 차이인데도, 대부분의 사람들은 자신을 부정하면서까지 남들과 같아지려 합니다. 하지만 동구는 남과 다른 자신을 미워하지 않고 씨름부의 회식 자리에서도 애창곡 〈애송이〉를 부르며 당당히 여성성을 표출하며, 아버지 앞에서 커밍아웃을 할 때도 최선을 다해 온몸으로 자신을 드러냅니다. 어머니의 말대로 '세상에 나아가 편견과 차별을 감수해야 하는 일이 얼마나 외롭고 힘든 여정인지' 뻔히 알면서도 당당하게 정체성을 표현하는 동구의 모습은, '다름'을 애써 감추고 피하려 드는 우리들에게 시사하는 바가 큽니다.

3. 우리 사회에서 '소수자'란 어떤 사람을 지칭하는지 생각해 보고, 이들의 '다름'이 과연 '틀림'인지에 대해서도 토론해 보세요.

길잡이 우리 사회에서 차별받는 대표적인 집단으로는 성적 소수자(동성애자, 트랜스젠더)와 장애인, 노인, 빈민, 이주 노동자, 혼혈인, 화교, 양심적 병역 거부자, 비전향 장기수 등을 들 수 있습니다. 이들은 신체적·문화적·이념적 이유로 남들과 구별되고 불평등한 대우를 받으며 나아가 집단적 차별의 대상이 된다 하여 소수자 집단(minority)이라고도 불립니다. 소수자 집단이라고 반드시 구성원의 수가 적지는 않습니다. 식민지에서 수가 많은 토착민이 수가 적은 통치자로부터 차별받는 경우가 그 예입니다. 소수자 집단의 존재는 보다 높은 사회적 지위를 지닌 집단의 존재와 불가분의 관계가 있습니다. 소수자는 역사적으로 권력의 주체였던 '백인-남성-어른-이성애자-토박이-비장애인-고학력자-표준어 사용자'에 대한 상대적 개념으로 이해할 수도 있습니다. 다시 말해 '유색인-여성-아이-동성애자-이주민-장애인-무지렁이-사투리 사용자'는 소수자로 살아왔던 것입니다. 이 두 집단은 분명히 다르지만, 그렇다고 어느 한쪽이 틀렸다고 말할 수는 없을 것입니다. '다르다'라는 말은 그저 '차이'를 뜻하지만, '틀리다'라는 말 속엔 '차별'의 의미가 들어 있기 때문입니다. 틀린 것(차별)을 넘어 다른 것(차이)을 존중하는 자세는, 평화와 인권을 최우선 가치로 삼는 21세기에 꼭 필요한 덕목이라 하겠습니다.

SF,
미지의 생명을 껴안다

E.T.

인디펜던스 데이

화성 침공

맨 인 블랙

콘택트

가타카

A.I.

바이센테니얼 맨

아이, 로봇

아일랜드

투모로우

갓센드

내츄럴 시티

천년여우 여우비

E.T.

원제 E.T. : The Extra-Terrestrial
감독 스티븐 스필버그(1982년, 미국)
등장인물 헨리 토머스(엘리어트), 드루 배리모어(거티), 로버트 맥노턴(마이클), 디 월리스 스톤(엄마)
배경 20세기, 미국
상영 시간 115분(전체 관람가)
수상 1983년 골든글로브 최우수작품상, 아카데미 특수효과상 및 기술상

호기심에서 친근감, 텔레파시로까지 이어진
외계 생명체와의 우정

밤하늘에 떠 있는 수많은 별들 가운데 과연 생명체가 사는 별이 있을까요? 'E.T.'•란 인간과 똑같은 모습은 아닐지라도 지구 밖에서 문명을 이루고 사는 지적 생명체의 존재를 가정하고 붙인 이름입니다. 외계 생명체 이티와 지구 어린이 엘리어트의 우연한 만남부터 작별까지를 담아낸 영화 〈E.T.〉는 1982년 개봉 당시 미국인의 절반 이상이 관람했으며, 한국에서도 수많은 관객들을 환상과 동심의 세계로 이끌었습니다. 외계 생명체와 인간의 서로에 대한 호기심이 친근감을 넘어 텔레파시로까지 발전하는 과정을 아기자기하게 그리고 있는 SF영화의 고전이기도 합니다.

도토리 모양의 우주선을 타고 지구를 방문한 이티는 식물 채집에

열중한 나머지 숲에서 길을 잃습니다. 순찰대의 불빛이 비치자 함께 온 친구들은 성급히 돌아가고, 이티 혼자 남게 됩니다. 지구에서 미아가 된 이티가 사람들의 눈을 피해 숨은 곳은 바로 숲 근처에 있던 엘리어트의 집입니다. 피자 심부름을 하러 밖으로 나온 엘리어트는 차고에 뭔가 수상한 게 있음을 눈치채고 큰 소리로 식구들을 불러 보지만 다들 도마뱀, 악어, 아니면 난쟁이나 요정을 보았을 것이라며 엘리어트의 말을 귀담아듣지 않습니다. 엘리어트 혼자서 들어갔을 땐 이티는 이미 도망간 뒤였고, 차고엔 발자국만 남아 있습니다.

엘리어트는 손전등을 들고 정체불명의 존재를 찾아 나섭니다. 옥수수밭에서 처음으로 이티와 맞닥뜨린 순간, 엘리어트는 "꺄악!" 소리를 지르며 뒤로 물러납니다. 쪼글쪼글 주름진 피부에 개구리같이 툭 튀어나온 눈, 곱사등에 불룩한 배, 그리고 유난히 짧은 다리에 긴 팔과 손가락을 지닌 이티의 모습을 보고 깜짝 놀랐기 때문입니다. 하지만 놀라기는 상대방도 마찬가지. 이티 눈엔 지구인 엘리어트가 더 낯설고 흉측하게 보였을지도 모르지요!

엘리어트는 처음 이티와 마주쳤던 숲 속 공터에서부터 자기 방까지 M&M 초콜릿을 뿌려 둡니다. 이티가 초콜릿을 따라 엘리어트의 방에까지 들어오자, 엘리어트는 꾀병을 부려 학교에 빠지고서 이티와 함께 장난감, 만화책, TV를 보며 놉니다. 이렇게 지구 소년 엘리어트와 이티는 친구가 되고, 어느새 텔레파시까지 통하는 사이로 발전합니다. 집에 홀로 남은 이티가 냉장고에 있는 맥주를 마시자 학교에 있던 엘리어트가 술에 취하는 식입니다. 과학 실험 시간에 병 속에 갇힌 개구리를 보고 이티의 모습을 떠올린 엘리어트는 해부 직전에 개구리를 꺼내 창 밖으로 놓아주기도 합니다.

얼마 안 있어 형 마이클과 여동생 거티도 이티의 존재를 알게 되지만, 엄마에게는 계속 비밀로 합니다. 엘리어트가 학교에 간 동안, 거티가 어린이 TV 프로그램 〈세서미 스트리트〉를 보며 대사를 따라 하자 이티도 함께 따라 하며 영어를 배웁니다. 금세 영어를 익힌 이티는 전화기를 가리키며 '이티는 집에 연락하고 싶어!'라는 뜻으로 "E.T. Phone Home!"이라고 말을 해 아이들을 놀래는가 하면, 손을 대지 않고 물건을 움직이거나 엘리어트가 톱날에 손을 베었을 때 손가락에서 나오는 광선으로 상처를 치료하는 등 지구인에게 없는 초능력을 보여 줍니다.

자신의 별과 다른 환경 탓인지, 고향에 대한 그리움 때문인지 시간이 지날수록 이티는 시름시름 앓기 시작합니다. 그러다 결국 어른들의 눈에 띄게 되고, 급기야 미항공우주국 나사(NASA*) 요원들이 엘리어트의 집에 들이닥칩니다. 말로만 듣던 외계 생명체가 출현했으니 어떻게든 생포하여 실험해 보려는 것입니다. 이티는 엘리어트와 거티, 마이클의 도움으로 핼러윈 축제 날 유령 보자기를 덮어쓰고 집을 빠져나와 숲 속 공터로 갑니다. 거기서 이티는 우산, 계산기, 톱날 등을 연결해 만든 통신기로 고향 별에 신호를 보내지만 교신에 실패하고, 몸이 아파 쓰러지고 맙니다.

이티는 이미 중병이 들었고, 이티와 텔레파시가 통해 쌍둥이처럼 행동하던 엘리어트 역시 원인 모를 병에 걸려 나란히 침상에 눕습니다. 나사의 과학자와 의료진은 우주복을 입고 와서 둘에게 응급조치를 해 보지만, 소생하는 건 지구 소년 엘리어트뿐입니다. 나사에서 온 과학자 키이즈는 엘리어트에게 "이티는 너에게만 온 것이 아니다. 나도 열 살 때부터 이티를 기다려 왔단다." 하고 의미심장하게 말합니다. 그리고 엘리어트에게 "네가 참 잘해 주었구나. 이티가 너를 만나 다행이다."라고 말해 줍니다.

과학자들이 자신을 생포하는 것을 포기하도록 일부러 죽은 척했던 것일까요? 아니면 지구인들 모르게 외계에서 보내온 전파로 인해 소생한 것일까요? 가슴에 빨간 불이 들어오면서 이티가 "E.T. Phone Home!"이라고 말하자 엘리어트는 환호성을 지릅니다.

이티를 고향 별로 돌려보내기 위해, 엘리어트는 친구들과 함께 나사 직원과 경찰의 추격을 아슬아슬하게 따돌리며 우주선이 착륙했던 장소로 이티를 데려갑니다. 이티를 앞에 태운 엘리어트와 친구들의 자전거가 포물선을 그리며 하늘로 날아오르는 장면은 언제 보

아도 감탄을 자아냅니다.

우주선 앞에서 이티와 아이들은 아쉽게 작별을 고합니다. "다시 올게. 착하게 지내야 돼!"라는 마지막 인사를 엘리어트에게 남긴 채 이티는 우주선에 오르고, 도토리 모양의 우주선은 하늘에 무지개를 그리며 유유히 사라집니다.

1. E.T. The Extra-Terrestrial

외계인, 외계 생명체를 흔히 에일리언(alien) 혹은 E.T.라고 부릅니다. E.T.는 Extra(외부)-Terrestrial(땅, 경계)의 약자로 외계 생명체를 바깥에 있는 존재로 타자화하여 부르는 차별적 용어입니다.

2. NASA National Aeronautics and Space Administration

1957년 소련에서 최초의 인공위성 스푸트니크호를 발사하자 충격을 받은 미국은, 1958년에 우주 개발을 효과적으로 실행할 정부 연구소 NASA를 세웠습니다. NASA의 대표적 업적은 1969년 아폴로 11호로 인간이 직접 달을 탐사한 사건이며, 1972년 아폴로 17호까지 모두 6회의 달 착륙을 성공시켰습니다. 최근에는 태양계 탐사, 외계 지적 생명체 탐사(SETI) 등 우주 연구 활동뿐만 아니라 위성 관측을 통해 온난화, 황사 등 환경과 관련된 지구 탐사도 벌이고 있습니다.

함께 나눌 이야기

1. 이티는 지구인의 기준으로 볼 때 못생긴 외모를 하고 있습니다. 그럼에도 불구하고, 영화가 진행될수록 관객들이 이티에게 애정을 느끼게 되는 까닭은 무엇 때문일까요?

길잡이 '무섭다/친근하다' '징그럽다/귀엽다' '추하다/아름답다' 같은 상반된 개념들은 절대적인 것이 아니라 우리가 얼마나 대상에 익숙해지고 동화되느냐에 따라 달라질 수 있는 상대적 가치라는 것을 이 영화를 통해 느낄 수 있습니다. 'E.T.'란 말 그대로 지구 밖 외계에서 온, 우리와 전혀 다른 존재이기 때문에 경계심이 생길 수밖에 없습니다. 하지만 엘리어트는 아빠 없이 외롭게 한부모가정의 자녀로 사는 자신과 갑자기 지구에 떨어져 미아가 된 이티의 처지를 동일시하면서 이티와 텔레파시가 통하는 사이로까지 발전합니다. 관객들도 영화 내용을 따라가다 보면 자연스럽게 주인공의 심리에 몰입되어 이티에게 애정을 느끼게 되는 것이 아닐까요?

2. 영화에 등장하는 이티는 어떻게 만들어졌을까요?

길잡이 이 영화를 볼 때마다 많은 아이들이 이티에 대해 궁금해합니다. "영화 속 이티는 컴퓨터 그래픽으로 만든 건가요?" 글쎄요. 〈E.T.〉가 만들어진 해가 1982년인데 당시 그렇게 정교한 컴퓨터 그래픽이 가능했을까요? 그럼 이티는 어떻게 만들어진 걸까요? 영화 속에도 등장하는 핼러윈 파티를 생각하면 됩니다. 아이들이 핼러윈 가면을 쓰듯, 키가 작은 배우가 외계 생명체의 가면과 거죽을 쓰고 연기를 한 것입니다. 팻 웰시라는 난쟁이 할머니(1915년 출생, 1995년 폐렴으로 사망)가 이티로 분장했고, 목소리 연기는 배우 데브라 윙거가 했답니다. 그리고 장면에 따라서는 특수 제작한 인형을 원격 조정하여 움직이게 하기도 했습니다. 2002년 〈E.T.〉 20주년 재개봉 리마스터링 판에서 일부 특수효과 장면은 컴퓨터 그래픽으로 수정됐습니다.

3. 〈쥬라기 공원〉(스티븐 스필버그, 1993) 상영 직후 공룡 책과 모형이 인기였듯이, 〈E.T.〉 상영 직후에는 M&M 초콜릿이 엄청나게 팔렸다는 이야기가 있습니다. 이처럼 영화 속에 등장하는 상품이 판매 증가로까지 이어진 다른 예를 찾아보세요.

길잡이 이것은 간접광고의 일종으로, 전문용어로는 PPL(Product Placement)이라 부릅니다. PPL이란 특정 상품을 영화 소도구로 이용해 모종의 광고 효과를 노리는 것을 말합니다. 광고주가 협찬사의 상품을 영화에 노출시켜 판매를 늘리고 제품 이미지를 개선하며, 그 대가로 영화 제작비를 지원하는 형태의 광고입니다. 할리우드에선 1970년대부터 확산된 관습으로, 영화 속 주인공이 특정 회사의 콜라를 마시거나 담배를 피우며 간접광고를 해 왔습니다. 한국에서는 〈결혼 이야기〉(김의석, 1992)에 삼성전자 가전제품이 쓰인 것이 최초의 PPL로 기록되며, 〈엽기적인 그녀〉(곽재용, 2001), 〈내 여자친구를 소개합니다〉(곽재용, 2005)에서도 의류와 유제품이 PPL로 등장했습니다. TV 드라마 〈파리의 연인〉(2004), 〈내 이름은 김삼순〉(2005) 등에 나타난 과도한 간접광고는 소비자단체의 지적을 받기도 했습니다. 간접 마케팅이라 할 수 있는 PPL은, 역으로 영상 매체의 대중 침투력이 얼마나 큰지를 보여 주고 있습니다.

인디펜던스 데이

원제 Independence Day
감독 롤란트 에머리히(1996년, 미국)
등장인물 윌 스미스(스티븐 대위), 빌 풀먼(미국 대통령), 제프 골드블럼(데이비드), 메리 맥도널(영부인), 랜디 퀘이드(러셀)
배경 20세기 후반, 미국
상영 시간 145분(전체 관람가)

미국 독립기념일이 지구의 해방일이라고?

미국의 독립기념일인 7월 4일이 인류의 해방일이 될 것이라 부르짖는 〈인디펜던스 데이〉는 〈E.T.〉나 〈화성 침공〉(팀 버튼, 1996)과는 다른 빛깔의 SF영화입니다. 영화 속에서 적의 동태를 파악하고 맞서 무찌르는 이들은 전부 미국인으로, 심지어 대통령이 손수 전투기를 몰고 외계인을 박살 내러 가기도 합니다. 이 영화는 미국의 패권주의를 노골적으로 드러내고 있으며, 2차 대전 이후부터 항상 세계의 경찰, 빅 브라더 역할을 하려 드는 미국의 강박관념을 고스란히 반영하고 있습니다.

롤란트는 '규모'와 '국가주의'로 승부수를 두는 블록버스터*를 만들어 여름 시즌에 흥행 대박을 터뜨리는 감독으로 유명합니다. 〈인디펜던스 데이〉 이후에도 〈고질라〉(1998), 〈패트리어트〉(2000), 〈투모로우〉(2004)를 모두 여름 시즌에 개봉한 바 있습니다. 자, 그럼 지금부터 미국의 독수리 삼형제가 접수한 사흘간의 긴박한 우주 대전으로 들어가 볼까요?

7월 2일. 달 표면에 꽂힌 성조기가 클로즈업되고, 1969년 7월에 인류 최초로 달을 탐사한 미국 나사(NASA) 대원들의 발자국이 거대한 진동으로 인해 지워집니다. 이어 달 전체에 어두운 그림자가 드리워지며 거대한 비행 물체가 지나갑니다. 뉴멕시코 주에 있는 외계 지적 생명체 탐사(SETI)에서는 이 진동이 달에서 온 것이며, 정체불명의 비행 물체가 지구로 접근하고 있다고 보고합니다. 한편 방송국에는 갑자기 TV가 수신되지 않는다는 항의 전화가 쇄도합니다. 그리고 한가한 농촌 마을에서 경비행기로 농약을 뿌리며 스피드를 즐기는 술주정뱅이 러셀의 모습도 스쳐 갑니다. 이렇게 미국의 곳곳을 비추는 것도 잠시, 이라크 북부 사막과 페르시아 만에 황갈색 연기를 내며 돌진하는 비행 물체가 출현합니다.

이어 태평양 연안, 뉴욕, 워싱턴, 로스앤젤레스를 가로지르며

링컨 기념관, 국회의사당, 백악관, 자유의 여신상, 할리우드 등 미국 곳곳에 검은 그림자가 드리워집니다. 관료들은 대통령에게 피신을 요청하지만, 대통령은 남기로 결정합니다. 한편 휴가를 즐기던 공군 대위 스티븐은 비상소집으로 복귀를 서두릅니다. 인공위성에 잡힌 외계 신호를 포착한 공학자 데이비드는 여섯 시간 후면 비행 물체가 지구를 공격할 것이라는 사실을 알리러 백악관으로 향합니다. 대통령은 담화문을 발표하여 질서를 지켜 달라고 호소하지만, 이미 도시 전역은 충격과 공포로 아수라장이 됩니다.

7월 3일. 정체불명의 비행 물체는 강력한 화력을 내뿜는 레이저 광선으로 대도시들을 쑥대밭으로 만들어 버립니다. 공격은 순식간에 전 세계로 확대되어, 세계 주요 도시가 눈 깜짝할 사이에 잿더미가 되고 거리의 자동차들은 종잇장처럼 날아갑니다. 백악관이 폭파되기 직전 미국 대통령과 보좌관들은 간신히 탈출에 성공하고, 데이비드는 공격을 막아 낼 방법을 알아내기 위해 고심합니다. 미 공군은 미사일을 쏘아 보지만 비행 물체를 감싸고 있는 방탄막 때문에 불발에 그치고, 오히려 외계 함대의 역공을 받아 궁지에 몰립니다. 이때 낙하산을 타고 간신히 탈출한 스티븐은 낙오된 외계 생명체를 포로로 잡아 옵니다.

1차 공격이 실패하자, 핵무기를 사용하자는 의견이 나오고 로스웰 사건* 까지 언급됩니다. 1947년 뉴멕시코 주 로스웰에 출현했다는 UFO와 외계 생명체에 대해 들은 대통령은 눈으로 직접 확인하기 위해 군사 비밀 시설을 방문합니다. 그곳에 근무하는 연구원들은 외부와 차단된 채 비밀리에 실험을 진행하고 있습니다. 그런데 스티븐이 잡아 온 외계 생명체의 머리를 해부하려던 오컴 박사가, 그 대뇌에 들어 있던 또 하나의 외계 생명체에게 공격받아 참변을 당합니다.

뒤늦게 상황을 살피러 온 대통령에게, 외계 생명체는 오컴 박사의 성대를 빌어 '평화가 아닌 전쟁을 원한다!'는 메시지를 전합니다. 외계 생명체의 호전성을 알게 된 대통령은 핵무기 사용을 승인합니다. 하지만 미국이 자랑하는 핵무기도 비행 물체를 뒤덮은 거대한 방탄막 앞에서는 속수무책이고, 사람들은 더욱더 절망에 휩싸입니다.

7월 4일. 공학자이면서도 철저한 환경운동가인 데이비드는 외계인들이 지구를 욕심 내지 않게 되려면 지구가 정말로 심각하게 오염되는 길밖에 없을 거라며 아버지 앞에서 한탄합니다. 아버지는 어려운 때일수록 믿음을 저버리면 안 된다고 타이르며, 감기에 걸릴지 모르니 몸조심하라고 충고합니다. 아버지의 말을 듣고 문득 감기가 바이러스에 의해 발생한다는 사실을 떠올린 데이비드는, 비행 물체에 컴퓨터 바이러스를 투입하면 방탄막이 사라질 것이라고 유추해 냅니다.

드디어 미국 대통령, 스티븐, 데이비드 셋이 결의하여 인류를 '악의 축'으로부터 지켜 내기 위한 성전(聖戰)을 치를 준비를 합니다. 그들은 인류의 생명을 구할 전투를 수행하기 위해 전 세계에 도움을 요청하고 자신의 목숨을 희생할 용병을 모집하는데, 놀랍게도 술주정뱅이 러셀이 자원합니다. 그는 베트남 참전 용사였으며, 한때 UFO에 납치되어 고문을 당했던 장본인입니다. 데이비드와 스티븐이 모체에 잠입하여 컴퓨터 바이러스를 퍼뜨리고, 나머지 조종사들이 그 뒤를 따라 외계 생명체를 박살 냅니다. 그리고 마침내 러셀이 미사일을 장착한 전투기로 모선을 향해 돌진하여 비행 물체를 완전히 폭파시킵니다.

미국의 주도하에 '우주 대전'을 성공적으로 수행해 낸 7월 4일은 미국만이 아니라 전 인류의 독립기념일로 기록되고, 카메라는 아프리카, 이라크, 이집트, 미국 등 전 세계 곳곳에서 사람들이 환호하는 모습을 비춥니다. 그리고 나서 불꽃놀이인지 미사일의 흔적인지 구분이 잘 안 되는 포연이 포물선을 그리며 영화의 마지막을 장식합니다.

1. 블록버스터blockbuster

영화 정보 사이트 IMDB(The Internet Movie Database)에서는 블록버스터를 '북미 흥행 수입이 1억 달러 이상인 영화'로 정의합니다. 〈죠스〉(스티븐 스필버그, 1975)와 〈스타워즈〉(조지 루카스, 1977)의 대성공 이후로, 할리우드는 거대 자본을 투입해 특수 효과 중심의 영화들을 집중적으로 제작했습니다. 사상 최고의 블록버스터는 〈아바타〉(제임스 캐머런, 2009)입니다. 한국 블록버스터로는 〈쉬리〉(강제규, 1999), 〈태극기 휘날리며〉(강제규, 2004), 〈괴물〉(봉준호, 2006), 〈명량〉(김한민, 2014) 등이 있습니다.

2. 로스웰Roswell 사건

1947년 미국 뉴멕시코 주 로스웰에 UFO가 불시착했으며 미국 정부가 그 잔해와 4구의 시신을 입수하여 연구해 왔다는 소문이 있습니다. 당시 인간이 아닌 생명체의 시신을 수거했다는 증언이 있었고, 많은 이들은 정부가 UFO를 은폐하고 있다는 음모론을 제기했습니다. 1995년에는 당시의 외계인으로 추정되는 시체를 해부하는 장면이 공개되었지만, 필름의 진위 여부는 의문입니다. 이러한 의혹은 영화 〈로스웰의 비밀〉(제러미 케이건, 1994), 〈로스웰의 FM〉(스티븐 그리핀, 2015)의 소재로도 사용되었습니다.

함께 나눌 이야기

1. 외계 생명체가 선전포고도 없이 지구에 쳐들어온 이유는 무엇일까요?

길잡이 영화대로라면 자원 고갈로 더 이상 자기 행성에서 살 수 없게 된 외계인이 새로운 터전을 확보하기 위해 지구를 공격한 것일 수도 있고, 일종의 게임이나 스포츠라고 생각해 볼 수도 있을 겁니다. 인간이 사냥이나 땅따먹기 놀이를 하는 것과 마찬가지라고요. 그리고 이렇게 거꾸로 생각해 볼 수도 있겠습니다. 인간이 우주 탐사를 목적으로 위성과 로켓을 쏘아 대는 것을 참다 못한 외계 생명체들의 분노가 폭발한 것이라고요. 만일 누군가가 우리 집 앞마당에 와서 뭔가를 찾겠다며 들쑤시고 다닌다면 우리는 그냥 가만히 있어야 할까요? 미국 대통령의 주장 말고도, 더 많은 이유를 찾아내 거침없이 이야기 나누어 보세요.

CINEMA

2. 영화 속에 등장하는 외계 생명체들은 대부분 하등동물의 모습을 하고 있습니다. 특히 이 영화에서 외계 생명체에 대한 적대적 시각은 극에 달합니다. 이를 증명하는 장면들을 찾아보세요.

길잡이 〈인디펜던스 데이〉는 우주를 다룬 여러 시각의 영화들을 강의할 때 제가 단골 메뉴로 넣는 작품입니다. 수업 중 에피소드 하나를 소개해 볼게요. 얼마 전 학생들에게 이 영화를 소개하며 이런저런 이야기를 하다 지구를 구한 대표가 '독수리 삼형제'라고 무심결에 말했더니, 단박에 "아니에요! 하나 더 있어요!"라고들 대답하더군요. 외계 우주선을 싸고 있는 방탄막에 컴퓨터 바이러스를 침투시키려던 순간, 미사일 발사가 뜻대로 되지 않자 자살 특공대로 나섰던 러셀이 있다는 것이죠. 역시 아이들 눈은 날카롭습니다. 외계인에게 납치된 적이 있다고 떠벌리던 알코올의존자, 살충제를 살포하는 가난한 경비행기 조종사로서 "이놈들아! 내가 돌아왔다!" 하며 거대한 외계 모선에 뛰어들던 인물! 하지만 바로 이 대목에서도, 감독이 바라보는 외계 생명체는 해충과 동일시된다는 점이 여지없이 드러납니다.

3. 외계 생명체의 입장에서 〈인디펜던스 데이〉를 제작한다면 어떤 영화가 될까요? 시놉시스를 한번 써 보세요.

길잡이 시놉시스란 사전적 의미로는 소설, 영화 따위의 간략한 줄거리를 의미합니다. 작가가 생각하는 주제를 다른 사람에게 알리기 위해 간단히 적은 것으로 흔히 개요, 일람이라고도 합니다. 시나리오를 쓰기 위한 전 단계, 작품의 밑그림이라고 보면 됩니다. 시놉시스엔 주제, 기획 및 집필 의도, 등장인물, 전체 줄거리의 네 가지 기본 요소가 구체적으로 포함되어야 한다는 것을 명확히 알고 한두 장 정도의 시놉시스를 적어 보면 좋습니다. '내가 생각하는 외계인' '외계인과의 접촉 방법' 등의 주제로 미리 토론한 뒤 써도 좋고, 영화를 보고 난 후 곧이어 속편 시놉시스나 다른 종류의 시놉시스를 적어 보는 것도 작품에 대한 이해도와 외계인에 대한 인식을 알아보는 좋은 척도가 될 수 있습니다.

화성 침공

원제 Mars Attacks!
감독 팀 버튼(1996년, 미국)
등장인물 잭 니컬슨(데일 대통령, 아트), 글렌 클로스(영부인), 애네트 베닝(바버라), 피어스 브로스넌(케슬러 박사), 내털리 포트먼(태피 데일)
배경 20세기, 미국
상영 시간 106분(15세 관람가)

노래 한 곡이 지구를 구하다

2004년 초 쌍둥이 무인 탐사선 '스피리트'와 '오퍼튜니티'가 화성에 착륙했습니다. 그에 이어 2008년 화성에 안착한 '피닉스'는 화성 지표면에 물이 흐른 흔적을 사진으로 지구에 전송해 화제를 모았습니다. 이들 탐사선의 주된 임무는 화성의 환경에서 생명체가 존재할 수 있는가를 규명해 내는 것입니다. 탐사선이 보내온 화성 소식을 궁금해 하는 사람들로 미 항공우주국 사이트는 연일 붐볐으며, 미국에서는 '마스 마니아(Mars mania)'라는 신조어까지 생겨났을 정도라고 합니다.

이와는 반대로, 화성에서 지구를 탐사하고 공격해 온다는 발상으로부터 만들어진 영화가 있었으니 바로 팀 버튼*의 〈화성 침공〉입니

다. 이 영화는 1962년 어느 풍선 껌 회사가 껌 포장지에 끼워 넣었던 그림카드 시리즈 '화성 침공'의 이미지를 차용해 만들어졌습니다. 화성인의 기괴한 외모는 물론 엽기적인 발상, 기존 가치에 대한 풍자와 전복이 돋보이는 작품입니다.

미국의 한적한 시골 마을, 등에 불이 붙은 소 떼들이 지나가고 이를 뒤따라 UFO로 보이는 은빛 접시가 하늘로 사라집니다. 이어지는 오프닝 시퀀스에서는 수많은 비행접시들이 기계음을 내며 지구로 향하고, 감독과 배우들의 이름이 비행접시의 가장자리를 따라 회전하며 나타납니다. 장면이 바뀌어 한가로운 오후의 백악관, 돋보기 안경으로 허블 우주 망원경*이 촬영한 사진을 살펴보는 미국 대통령 데일의 표정은 자못 심각합니다.

공보관 제리는 국민들이 좋아할 것이라고 가볍게 말하지만, 데커 국방부 장관은 "이 일은 극비로 다뤄야 하며 비상 체제에 돌입하는 게 마땅하다."고 굳은 표정으로 주장합니다. 옆에 있던 케이시 장군은 중도적 입장을 취합니다. 천체물리학자 케슬러 박사는 "화성인들이 지구까지 올 수 있다면 기술적으로 상당히 발전되었을 것이고,

이는 그들이 평화적이란 얘기며 선진 문명은 곧 야만적이지 않다는 의미다."라는 알쏭달쏭한 삼단 논법을 폅니다. 박사의 말에 대통령은 안심하는 표정으로 이 일은 기념비적인 사건이 될 것이라며, 역사적인 순간에 자신이 위대한 정치가답게 보일 수 있도록 연설을 준비하라고 공보관에게 지시합니다.

한편 라스베이거스에 위치한 '갤럭시 호텔'의 주인 아트는 화성인들을 상대로 장사를 하면 더 많은 돈을 벌 수 있겠다며 흥분합니다. 부인 바버라도 탐욕과 개발로 얼룩진 지구를 구원할 메시아야말로 화성인이라며 들뜹니다.

화성인들이 착륙할 예정인 네바다 사막에는 구경꾼들이 모여들고, 케이시 장군은 의전을 갖추어 화성인을 맞습니다. 드디어 붉은 가운을 걸친 화성인이 커다란 가분수 머리로 꽥꽥 소리를 내며 등장합니다. 화성인들은 케이시가 청한 악수에 응답하지 않지만, 케이시가 도넛 모양을 그리자 따라서 도넛 신호를 보내옵니다.

화성인의 꽥꽥거림이 통역기를 통해 "우리는 평화를 원한다!"라는 말로 해석되자, 관중들은 환호하며 비둘기를 날립니다. 하지만 기쁨의 순간도 잠시, 비둘기는 화성인이 쏜 레이저 총에 맞아 아래로 떨어집니다. 현장은 순식간에 아수라장이 되고, 레이저 광선이 난무하는 가운데 장군, 방송국 앵커, 기자 등 맨 앞에 나와 잘난 체하던 사람부터 하나둘 죽어 나갑니다. 화성인을 환영하려고 군에 자원 입대한 도넛 가게 아들 빌리 또한 성조기를 든 채 레이저 총에 맞아 죽게 됩니다.

화성에서 비둘기는 전쟁의 상징이며, 화성인의 공격은 문화적 차이에서 온 오해였다는 케슬러 박사의 말을 듣고서 대통령은 사과의 뜻을 전합니다. 화성인들 역시 의회에서 공식적으로 사과하겠다고 답합니다. 하지만 의회에 모인 의원들은 레이저 총으로 무차별 공격을 당합니다. 한편 인간 미녀의 거죽을 쓴 화성인은 백악관에 잠입하여 감시 카메라로 정찰 활동을 하고, 모선에서는 대대적인 공격 준비를 시작합니다. 전투복 자동 착용 기계를 거쳐 출동하는 화성인들의 모습에 이어 런던탑, 타지마할, 이스터 석상 등 전 세계의 소중한 문화 유적들이 파괴되는 장면이 보입니다.

마침내 대통령은 데커 장군이 핵무기를 사용하도록 허락합니다. 하지만 화성인들은 핵미사일을 공중에서 흡수해 삼켜 버리는가 하면, 미사일 방향을 180도 돌려 지구를 역공하기도 합니다. 백악관을 방문한 화성의 대사를 향해 미국 대통령은 협력을 강조하며 일장 연설을 합니다. 대통령이 내민 손을 잡고 눈물까지 흘리던 화성 대사의 손은 갑자기 스프링처럼 튕겨 나오더니 눈 깜짝할 사이 비수로 돌변하여 대통령의 심장을 관통합니다. 그러고는 자동으로 안테나가 올라가더니 화성의 붉은 깃발로 변합니다. 1969년 미국 항공우주국 나사가 달 표면에 꽂은 성조기를 패러디한 이 장면은 미국 중심의 세계 질서 재편에 대한 야유인 동시에, 영웅 중심적인 할리우드 영화에 드는 반기이기도 합니다.

할머니를 모시러 요양소에 간 빌리의 동생 리치는, 할머니가 즐겨

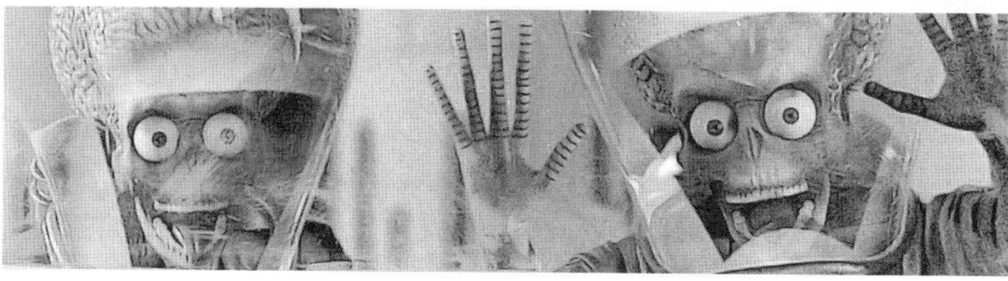

듣는 〈인디언 사랑 노래(Indian Love Call)〉의 곡조에 화성인의 뇌가 터져 죽는 광경을 목격합니다. 리치는 방송국에 이 사실을 알려 음악으로 화성인들을 물리치고, 마침내 화성인 우두머리를 태운 모선을 바다에 가라앉히는 데 큰 공을 세웁니다. 화성인의 공격을 피해 동굴에 숨어 있던 사람들은 하나둘 밖으로 나와 복구를 시작하고, 리치와 할머니는 대통령의 딸 태피로부터 명예 훈장을 받습니다. 폐허가 된 도시에서는 은퇴한 팝 가수 톰 존스의 경쾌한 노래가 흐르는 가운데 생존자들이 쓰레기를 치우는 장면으로 영화는 막을 내립니다.

1. 팀 버튼Tim Burton, 1958~

팀 버튼은 어려서부터 공상을 즐기고 낙서하기 좋아하는 아이였습니다. 애니메이터가 되려고 디즈니 사가 설립한 캘리포니아 예술대학교(California Institute of the Arts)에 입학했지만, 그의 분방한 상상력은 보수적인 디즈니 사와 맞지 않았기에 곧 나왔습니다. 〈비틀쥬스〉(1989)로 첫 성공을 거둔 후 〈배트맨〉(1989)과 〈가위손〉(1990)으로 유명세를 다진 팀 버튼은 〈크리스마스 악몽〉(1993), 〈슬리피 할로우〉(1999), 〈유령신부〉(2005), 〈찰리와 초콜릿 공장〉(2005), 〈스위니 토드〉(2007), 〈이상한 나라의 앨리스〉(2010), 〈빅 아이즈〉(2014) 등 많은 작품을 통해 고정관념을 뒤흔드는 할리우드의 악동으로서 왕성히 활동하고 있습니다.

2. 허블 우주 망원경

미국의 천문학자 에드윈 파웰 허블(1889~1953)은 빛을 내는 물체가 관측자에서 멀어지면 붉은색 쪽으로, 가까워지면 푸른색 쪽으로 이동하는 도플러 효과를 이용하여 우주가 계속 팽창하고 있음을 밝혔습니다. 그는 또한 은하의 분류 방식을 수립하기도 하였습니다. 그의 업적을 기려 명명된 허블 우주 망원경은 1990년 4월 우주왕복선 디스커버리 호에 장착되어 지구 상공 610킬로미터에서 관측을 시작했습니다.

함께 나눌 이야기

1. 이 영화에서 화성인을 물리친 무기는 무엇인가요? 감독이 그렇게 설정을 한 이유는 무엇일까요?

길잡이 화성인을 물리친 것이 지구인(혹은 미국)이 자랑하는 핵미사일이 아니라 한 곡의 노래, 그것도 인디언의 사랑 노래라는 점이 흥미롭습니다. 영화의 맥락에서 보면, 이는 화성인이 산소 대신 질소로 호흡하며 피는 빨간색이 아니라 초록색이라는 등 지구인과는 대조적으로 설정되었다는 점과 관련 있습니다. 지구에서는 평화를 상징하는 비둘기를 화성에서는 공격의 메시지로 해석하는 등 서로의 소통과 인식 구조도 아예 다릅니다. 그래서 지구인이 치유와 안정을 찾고자 할 때 듣는 음악이 화성인에게는 고통을 주는 결정적인 무기로 작용했다는 것이지요. 좀 더 넓은 맥락에서 볼 때 핵미사일이 고도의 서구 과학 문명과 그로 인한 파괴를 상징한다면 음악, 특히 이 영화에 쓰인 인디언의 노래는 문명 이전의 자연 세계로의 회복을 상징하는 코드가 아닐까 합니다. 지구에서 쏘아 올린 핵무기까지 삼켰다가 뱉어 내는 화성인도 맥을 못 추게 한 건 과학 기술이 아니라 '음악'이란 반전은 팀 버튼 영화에서 일관되게 나타나는 주류에 대한 조롱으로 볼 수 있습니다.

2. 이 영화에서 지구를 구한 이들, 혹은 살아남은 이들의 공통점은 무엇인지 함께 이야기 나누어 보세요.

길잡이 영화 후반부로 가면 대통령, 정치인, 장군, 방송국 기자, 백악관 보좌관 등 엘리트들은 전부 죽어 사라지고, 그 대신 노인과 소년이 지구를 구하는 영웅으로 등장합니다. 대통령 부부를 공격한 화성인들을 물리치며 활약한 건 덩치 큰 경호원들이 아니라 백악관에 견학 온 두 흑인 소년이었습니다. 게다가 화성인을 물리칠 결정적인 방법을 알아낸 장본인은 치매로 요양원에 입원한 할머니였지요. 맨 마지막 장면의 생존자는 할머니와 평소 남자답지 못하다고 구박받던 손자 리치, 대통령의 딸이지만 부모님에 대해 냉소적이던 태피, 퇴물 권투 선수 바이런과 그의 가족, 은퇴한 가수 톰 존스, 알코올의존자 바버라입니다. 이런 설정은 '영웅이 지구를 지킨다'는 할리우드 영화의 고정관념을 여지없이 뒤엎습니다. 〈화성침공〉은 흥미진진한 오락 SF영화일 뿐 아니라, 우리 시대 힘없고 소외된 이들의 존재 의의를 다시 한번 생각해 볼 수 있는 영화입니다.

CINEMA

3. 다른 어떤 행성보다도 화성을 소재로 한 우주 SF영화들이 많습니다. 왜 유독 화성과 관련한 영화가 많은지 생각해 보세요.

길잡이 화성을 무대로 한 SF영화가 많은 것은 지구와 가장 환경이 비슷한 별이기 때문이라는 설이 있습니다. 〈화성에서 온 침입자〉(토브 후퍼, 1986), 〈토탈 리콜〉(폴 버호벤, 1990), 〈마스〉(존 헤스, 1990), 〈화성인 지구정복〉(존 카펜터, 1988), 〈화성인 마틴〉(도널드 피트리, 1999), 〈미션 투 마스〉(브라이언 드 팔마, 2000), 〈화성의 유령들〉(존 카펜터, 2001), 〈화성소년 메르카노〉(후안 안틴, 2002) 등이 그 예입니다. 이 영화들에서 화성과 화성인은 경이롭고도 공포스러운 미지의 존재, 혹은 어리석고 우스꽝스러운 대상으로 그려집니다. 하지만 2001년의 '오디세이', 2004년의 '스피릿'과 '오퍼튜니티' 그리고 2007년의 '피닉스' 등 여러 차례의 화성 탐사선들로 인해, 그동안 많은 영화적 상상력을 불러일으켰던 미지의 세계 화성도 이제 그 실체를 드러낼 날이 얼마 남지 않은 것 같습니다.

맨 인 블랙

원제 Men in Black
감독 배리 소넨펠드(1997년, 미국)
등장인물 토미 리 존스(K), 윌 스미스(J), 린다 피오렌티노(로렐 박사)
배경 21세기, 미국
상영 시간 98분(12세 관람가)
수상 1998년 아카데미 특수분장상

믿거나 말거나,
지구에는 이미 외계인이 살고 있다니까?

검은 양복에 검은 선글라스, 검은 시계, 검은 총, 온통 검은색으로 차려입고 있는 포스터 속의 두 남자. 이들은 대체 무슨 일을 하고 다니기에 검은색으로 자신을 감추는 걸까요?

까마득히 먼 우주로부터 별빛 가득한 밤하늘을 가로지르며 마침내 지구 대기권으로 들어온 잠자리 한 마리가, 도로의 차들을 피해 날다가 트럭 유리에 부딪혀 죽는 장면으로 영화는 시작됩니다.

달리는 트럭의 짐칸에 히스패닉* 노동자들이 웅크리고 숨어 있습니다. 이들은 국경 부근에서 경찰의 검문에 걸립니다. 얼마 안 있어 검은 세단이 나타나고, 검은 정장 차림의 사람들이 차에서 내려

트럭을 향해 다가옵니다. 밀입국자 중 누군가를 색출하러 온 것입니다.

화면은 바뀌어 숨 가쁘게 쫓고 쫓기는 추격전으로 이어집니다. 마치 스파이더맨처럼 높은 건물 벽을 자유자재로 타고 올라가던 범인은, 지구에 종말이 올 것이라는 말을 남기고 추락합니다. 뉴욕 경찰 에드워드는 추격 중 범인을 난간에서 밀었다고 오해를 받아 심문 대상이 됩니다. 그는 범인의 눈꺼풀이 제멋대로 움직이고 기이한 말과 행동을 했다고 얘기하지만, 수사관은 이를 무시합니다. 이때 검은 양복을 입은 K가 찾아와 자기 명함을 건네며, 지구의 외계인들을 비밀리에 관리하는 MIB*에 대해 이야기합니다.

에드워드는 호기심에 MIB 본부를 찾아가고 요원 선발 시험에 합격하며 곤충 외계인을 직접 만나 보기까지 하지만, 아직도 외계인들이 지구에 살고 있다는 K의 말을 믿지 못합니다. 그러자 K는 "천오백 년 전에 인간은 지구가 우주의 중심이라 믿었고, 오백 년 전에는 지구가 평평하다고 믿었다. 십오 분 전만 해도 당신은 지구엔 지구인만 산다고 믿었을 것이다. 내일 일은 누구도 예측할 수 없다."라는 의미심장한 말을 남기고 떠납니다.

밤새 고민 끝에 마음을 결정한 에드워드는 MIB 본부를 찾아가 J라는 이름으로 다시 태어나고, MIB 요원 복장인 검은 양복과 선글라스를 착용합니다. 첫 임무를 부여받고 K와 함께 출동한 현장에서 J는 바퀴벌레 외계인이 지구에 침입했다는 정보를 얻습니다. 바퀴벌레 외계인은 농부 에드거의 거죽을 쓰고, 그의 트럭 안에 자신이 타고 온 우주선을 실은 채 도시로 돌진합니다. 그가 쫓고 있는 로젠버그의 정체는 아퀼리안 제국의 왕자로, 정치적 망명지로 안전하다 여겨지는 지구를 택해 보석상으로 위장한 채 살고 있는 외계인입니다.

식당에서 키 큰 외계인을 만난 로젠버그는, 바퀴벌레 외계인이 왔으니 어서 떠나야 한다고 이야기합니다. 바로 그때 종업원으로 위장한 바퀴벌레 외계인이 둘을 해치우고, 로젠버그가 갖고 있던 보석을 들고 사라집니다. J는 시체 안치소를 찾아가 검시관 로렐과 함께 로젠버그의 시체를 살핍니다. 귀의 봉합 자국을 열자 얼굴 표면이 반으로 갈라지고, 뇌 속에서 E.T.를 닮은 작은 외계인이 나타납니다. 아퀼리안 제국의 왕자인 그 외계인은 "전쟁을 막아야 해. 은하계는 지금 오리온의 테두리에 있어!"라는 유언을 남기고 숨을 거둡니다.

본부로 돌아온 J와 K는, 맨해튼 전역의 외계인들이 지구를 위험지역으로 판단하고 도망갈 짐을 꾸리는 등 동요하는 모습을 감지합니다. 그에 이어 "지구에 있는 은하계를 넘기라!"는 메시지가 레이더에 포착되고, 자세한 사태를 파악하기 위해 J와 K는 은하계 전문가를 찾아갑니다. 불도그로 위장한 천문학자 외계인은, 바퀴벌레

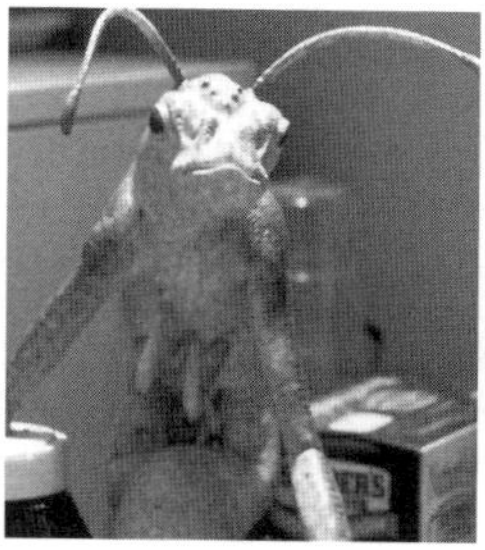

외계인이 노리는 은하계가 이미 지구에 있다는 놀라운 말을 합니다. "이 작은 지구에 어떻게 은하계가 존재할 수 있느냐?"는 J의 물음에 불도그 외계인은 "사이즈가 무슨 문제지? 크기는 중요한 것이 아니야!"라고 의미심장하게 대답합니다.

바퀴벌레 외계인은 로젠버그를 죽이고 빼앗은 물건이 평범한 보석에 불과하다는 것을 알고 다시 보석상을 뒤집니다. 그러던 중 벽에 걸린 사진 속의 고양이 목걸이를 보고, 뭔가를 눈치 챈 듯 시체 안치소로 달려갑니다. 바퀴벌레 외계인을 추적하던 J와 K 역시 목걸이에 무언가가 있다는 걸 감지하고 로렐에게 갑니다. 하지만 한발 앞선 바퀴벌레 외계인은 은하계 구슬이 달린 목걸이를 빼앗고 로렐을 인질로 삼아 도망칩니다. 설상가상 아퀼리안 제국의 함대 공격이 한 시간 앞으로 다가오고, J와 K는 지구의 운명을 걸고 우주선이 이륙할 장소로 달려갑니다.

이륙을 시도하던 바퀴벌레 외계인은, 끈질긴 MIB의 추격에 본모습을 드러내고 요원들과 한판 승부를 벌입니다. K는 바퀴벌레 외계인이 삼킨 은하계 구슬을 되찾기 위해 외계인의 배 속으로 들어갑니다. J는 밖에서 바퀴벌레 외계인과 사투를 벌이고, 로렐 또한 결정적인 순간에 이들을 돕습니다. 결국 바퀴벌레 외계인의 몸은 산산조각나고, 선배 요원 K는 J에게 끔찍한 기억을 지워 달라며 기억말소 레이저 총을 건넵니다. 얼마 후 다시 MIB 본부 앞에서, J는 K 대신 새로운 파트너 로렐과 함께 MIB 활동을 재개할 준비를 합니다.

이 영화의 백미라 할 수 있는 엔딩 장면에서, 맨해튼을 비추던 카메라는 줌아웃으로 뉴욕 시가를, 미국 전역을, 아메리카 대륙을, 지구 전체를 비추면서 한없이 우주 바깥으로 빠져 나옵니다. 지구는 눈에 보이지도 않을 만큼 작은 점이 되어 은하계의 일부를 이루고, 마침내 그 은하계가 담긴 우주 구슬로 외계 생명체가 구슬치기를 하는 모습의 충격이란! 우리가 알고 있는 세계도 영화 맨 처음에 나온 잠자리가 인식하는 세계보다 조금 클 뿐, 광활한 우주에 비하면 티끌만 한 존재에 지나지 않는다는 이야기일까요?

1. 히스패닉 Hispanic

남아메리카 출신으로 미국에 사는 이들을 일컫습니다. 멕시코인이 대부분이지만 볼리비아, 아르헨티나, 칠레, 페루, 과테말라 사람들도 있으며, 스페인어를 사용합니다. 미국의 까다로운 입국 절차 때문에, 히스패닉의 상당수는 밀항선 등을 이용하여 불법 체류를 하고 있습니다. 예전에 흑인이 도맡았던 3D 업종들이 최근에는 주로 히스패닉에게 넘어갔다고 합니다.

2. MIB Men in Black

이 영화에서는 지구에 있는 외계인을 감시하며 지구의 평화를 지키는 조직을 말합니다. MIB 같은 비밀 요원들이 미국에 실제로 존재한다는 이야기는 1950년대부터 있었습니다. 미국에는 외계인을 만났거나 UFO를 목격했다는 사람이 많은데, 그중 상당수는 정체불명의 사람들이 방문해 여러 가지를 심문했다고 주장합니다. 영화 〈맨 인 블랙〉은 로웰 커닝햄의 연작 만화와, 이같은 외계인 목격자들의 이야기를 토대로 만들어졌습니다.

함께 나눌 이야기

1. 영화를 보기 전에, 여러분이 생각하는 외계인의 모습을 그려 보거나 이야기해 보세요.

길잡이 〈맨 인 블랙〉은 관람 전부터 함께 생각해 보기 좋은 영화입니다. '내가 생각하는 외계인의 모습은?'이라는 주제로 그림을 그리고 말풍선을 달아 보는 것도 재미있겠습니다. 눈이 아가미처럼 깜빡이는 외계인, 곤충 외계인, 오징어 외계인, 바퀴벌레 외계인, 이티를 닮은 외계인 등 〈맨 인 블랙〉에 등장하는 외계인의 모습은 각양각색입니다. 이들은 어류, 양서류, 파충류의 흔적을 지녔거나 곤충의 모습을 하고 있습니다. 이처럼 다양하면서도 일관적인 외계인의 모습은, 외계 생명체를 영장류나 포유류보다 하등할 것으로 전제하는 인간의 오만함을 보여 줍니다. 하지만 〈화성 침공〉(1996), 〈인디펜던스 데이〉(1996), 〈에일리언〉(1979) 같은 영화에서 확인할 수 있듯이 '외계인=악의 무리=파괴적 존재' 혹은 〈코쿤〉(1985), 〈콘택트〉(1997), 〈뷰티풀 그린〉(1996) 같이 '외계인=앞선 문명=우호적 존재'라는 식의 이분법에서 벗어나 우호적인 외계인도 있고 호전적인 외계인도 있을 수 있다는 발상은 재미납니다. 외계 생명체에 대한 고정관념을 깨는 열린 텍스트라 하겠습니다.

CINEMA

2. 에드워드가 MIB 요원으로 선발된 이유는 무엇일지 함께 이야기 나누어 보세요.

길잡이 폐쇄된 공간에서 MIB 요원을 뽑는 장면을 유심히 살펴보면, 왜 에드워드가 선발되었는지 짐작할 수 있습니다. 우선 에드워드는 다른 지원자들과 달리 면접관에게 "우리가 왜 여기 있는 거죠?"라고 거침없이 묻습니다. 불편한 의자에 앉아 탁자도 없이 손에 문제지를 들고 답안을 작성하라는 요구에 다른 지원자들은 시키는 대로 하지만, 에드워드는 저만치 놓여 있던 탁자를 직접 끌고 옵니다. 함께 탁자를 쓰자고 이야기하는 에드워드의 배려에도, 경직된 모습의 지원자들은 냉랭한 표정을 지을 뿐입니다. 사격 테스트에서도, 다들 외계인 표적들을 마구 쏘아 대는 반면 에드워드는 소녀 표적에 딱 한 발만을 쏩니다. 면접관이 이유를 묻자 에드워드는 "이 외계인은 운동 중이고 저 외계인은 재채기 중인데, 운동 중인 외계인이 우리를 공격할 리 없고 재채기 중에 총 쏘면 열 받잖아요? 그런데 저 아이는 어린데도 어려운 물리책을 들고 있는 것이 뭔가 수상해 보여서 쏘았어요."라고 답합니다. 이처럼 에드워드는 호기심, 문제 해결 능력, 순발력과 판단력, 그리고 유연한 사고(유머 감각)를 보여 주었기에 MIB 요원으로 뽑힌 것입니다.

3. 은하계가 지구 안에 존재한다는 메시지를 에드워드가 이해하지 못하자, 불도그 외계인은 "크기는 중요한 게 아니야!"라고 말합니다. 이 말의 의미는 무엇일까요?

길잡이 이 영화에서, 은하계는 '오리온'이라는 고양이의 목에 걸린 구슬 속에 들어 있다고 설정됩니다. 어떻게 작은 구슬 속에 광대한 우주가 들어갈 수 있을까요? 이러한 설정은 '부분이 전체를 대신한다.'는 현대 물리학 이론을 입증하려는 의도가 아닐까 합니다. 은하계를 찾아 헤매는 J와 K에게 불도그 외계인은 "크기는 중요한 게 아니다."라고 말합니다. J가 처음으로 K에게 총을 건네받을 때 나왔던 대사와 똑같습니다. 장난감같이 작은 총이었지만, 실제 화력은 쏜 사람이 뒤로 나자빠질 정도로 놀라웠지요. 2002년 속편 〈맨 인 블랙 2〉 홍보를 위해 한국을 방문한 토미 리 존스의 말에 의하면 이 영화는 "세상을 바라보는 관점, 지구도 우주의 작은 부분일 뿐이라는 사실에 관해 얘기하는 영화"라고 합니다. 〈맨 인 블랙 2〉도 결말에서 사물함 안에 또 다른 우주가 존재하는 상황을 보여 주고 있습니다. 우리가 대단하게 여기는 것이 전 우주의 입장에서 보면 아무것도 아닐 수 있고, 역으로 하찮아 보이는 생물도 우리와 동등하게 자신의 우주를 지니고 있는 생명체임을 일깨우는 장면이라 하겠습니다.

콘택트

원제 Contact

감독 로버트 제멕키스(1997년, 미국)

원작 칼 세이건

등장인물 조디 포스터(앨리 애로웨이), 매슈 매코너헤이(파머 조스), 톰 스케릿(드럼린), 존 허트(해든), 제임스 우즈(마이클 키츠)

배경 20세기, 미국

상영 시간 150분(12세 관람가)

만일 우주에 인간들뿐이라면
공간의 낭비가 아닐까?

할리우드 SF영화에 등장하는 외계 생명체는 침략적 존재로 그려지기 일쑤입니다. 〈로보캅〉(1987)을 만든 독일 출신의 폴 버호벤 감독은 1990년대 말의 한 인터뷰에서 "미국은 필사적으로 적을 찾고 있다. 과거엔 공산주의자였고, 그 이전엔 나치였다. 하지만 지금은 싸울 구체적 대상이 없다. SF영화 속 외계인이 무시무시하게 그려지는 건, 정치적으로 볼 때 매우 당연한 일이다!"라고 말했습니다. 하지만 외계 생명체에 대해 호의적인 시선을 견지하는 할리우드 영화도 있으니, 바로 〈콘택트〉입니다.

지구를 포함한 태양계의 여덟 개 행성과 명왕성, 성운을 비추다가 또다시 새로운 은하계를 포착한 카메라는, 불과 몇 초 사이 한

소녀의 푸른 눈동자 속으로 거대한 우주를 옮겨 놓습니다. 아무리 광대한 우주라 할지라도, 그것을 인식하는 주체는 인간이라는 사실을 웅변하려는 듯합니다. 푸른 눈동자의 소녀는 어딘가를 향해 "CQ, CQ, 응답하라! (……) 거기 누구 없어요?"라며 무선통신을 보냅니다.

그리고 십여 년 후, 어려서부터 호기심이 많고 누군가에게 자신의 존재를 전하고 싶어 했던 소녀는 유능한 천문학 박사가 되어 우주와의, 외계인과의 교신(contact)을 꿈꿉니다.

'사막의 여사제'라는 찬사와 '가망 없는 일에 미쳐 있다'는 비난을 동시에 받는 애로웨이는 몇 년째 SETI* 프로젝트에 매달려 있습니다. 그러던 어느 날 선배 과학자이자 전미 과학재단의 책임자인 드럼린 박사가 예산을 끊는 사건이 발생합니다. 드럼린의 처사에 분노한 애로웨이는 독립적으로 SETI 프로젝트를 진행하자고 동료들을 설득합니다. 예산 확보를 위해 기업을 찾아다니며 프리젠테이션한 결과, 마침내 한 재단으로부터 예산을 따냅니다.

밤낮으로 연구에 몰두한 지 사 년 만에 애로웨이는 심장박동 소리와 흡사한 규칙적 신호를 듣게 됩니다. 컴퓨터 분석 결과, 이 신호는 베가성(거문고자리에 속한 별들 중 하나)에서 보낸 것으로 판독됩니다.

이때 제일 먼저 달려온 사람은 생색내기 좋아하는 드럼린과 국방부 관계자 마이클 키츠입니다. 사적인 연구임에도 불구하고, 국방부에서는 안보 문제를 들먹이며 애로웨이를 통제하려 듭니다. 외계로부터 들어온 전파에 음성뿐 아니라 영상도 섞여 있고, 그 영상이 1936년 베를린 올림픽 때 히틀러가 우주에 송신한 방송 전파를 되돌려보낸 것이라는 사실이 밝혀지자 사람들은 술렁입니다. 신호 분석 결과, 암호화된 텍스트는 베가로 갈 수 있는 1인 우주선의 설계도란 사실이 밝혀집니다. 역사에 길이 남을 세계 최초의 유인 우주선 탑승 자리를 놓고 각축을 벌인 결과, 어이없게도 이 프로젝트를 처음 기획했고 수년간 연구에 전념해 온 애로웨이가 탈락하고 권모술수에 능한 드럼린이 선발됩니다.

하지만 발사 테스트가 있던 날, 광신도의 자살 폭탄 테러로 드럼린은 즉사하고 수송기도 함께 폭파됩니다. 자신의 프로젝트가 좌절되자 애로웨이는 낙심하지만, 이때 해든 박사가 나타나 미국 정부가 일본 홋카이도에 똑같은 발사 시설을 만들어 놓았다는 사실을 알려 줍니다. 탑승 직전, 설계도에는 없는 카메라 장착 요구를 수용하고 위기 상황을 대비한 자살용 알약까지 받아 든 애로웨이는 비장한 모습으로 수송기에 오릅니다. 카운트다운이 시작되고, 터널로 빨려 들어가 굉음을 내며 광속으로 질주하던 수송기에서 원인 모를 큰 진동이 일어나며 탑승석이 해체됩니다.

잠시 후 눈을 뜬 애로웨이는, 자신이 어릴 적 즐겨 그렸던 펜서콜라 해변의 에메랄드빛 바다에 있는 걸 깨닫고 놀랍니다. 야자나무 아래로부터 희미한 물체가 다가오더니 아버지로 변합니다. 하지만 애로웨이는 그것이 아버지의 모습을 한 외계인임을 알아차립니다. 외계인은 '인간은 아름다운 꿈과 더불어 끔찍한 꿈도 꾸는 참 흥미로운 종족'이라며 '인간의 고립과 허무함을 채울 수 있는 유일한 길은 만남(contact)뿐!'이라고 말합니다. 이어지는 화면은 지구의 관제실. 탑승기 바닥에 쓰러져 있던 애로웨이는 정신이 들어 여기가 어디냐고 묻습니다.

극비리에 부쳐졌던 2차 발사 계획도 수포로 돌아가고, 애로웨이는 희생양이 되어 청문회장에 섭니다. 청문회 위원장을 맡은 마이클 키츠는 애로웨이에게 거짓말했다는 걸 시인하라고 추궁하나, 애로웨이는 비록 증명할 수는 없지만 자신은 분명히 인생에 변화를 가져올 소중한 경험을 했다며 "인간은 우주에 속해 있는 위대한 존재이며, 결코 혼자가 아니란 사실을 우주여행을 통해 깨닫게 되었다."고 말합니다.

동료 파머의 부축을 받아 밖으로 나오는 애로웨이. 청문회장 밖에는 수많은 사람들이 그녀를 응원하며 기다리고 있습니다. 비주류와 소수자의 입장을 대변하듯, 애로웨이를 옹호하는 군중 속에는 휠체어를 탄 장애인의 모습도 보입니다.

마지막 반전은 마이클 키츠와 백악관 대변인인 흑인 여성의 대화 장면입니다. "흥미로운 사실이 있습니다. 원격 카메라에는 한순간의 낙하로 포착되었으나, 애로웨이 박사가 기록해 온 테이프엔 정체 불명의 신호가 열여덟 시간이나 녹화되어 있다는 점입니다."라고 대변인은 전하며, 이는 국가 기밀로 은닉됩니다.

화면은 다시 아레시보 천문대를 견학하러 온 꼬마들에 둘러싸인 애로웨이의 모습으로 이어집니다. "우주에 진짜 외계인이 사나요?" 라는 한 어린이의 질문에 그녀는 되묻습니다. "넌 어떻게 생각하는데?" 아이가 "모르겠어요!"라고 하자 박사는 어릴 적 아버지에게 들었던 말을 되풀이합니다. "아주 좋은 대답이야! 그러나 한 가지 분명한 사실이 있지. 이처럼 커다란 우주에 만일 우리들밖에 없다면 엄청난 공간의 낭비가 아닐까?"

천문대를 등지고 계곡에 홀로 앉아 있는 애로웨이를 말없이 비추던 카메라는 별들이 총총 빛나는 밤하늘을 향하고, '칼*에게 바침(For Carl)'이라는 헌사가 떠오르며 영화는 끝이 납니다.

1. SETI Search for Extra-Terrestrial Intelligence

'외계 지적 생명체 탐사'라는 의미로, 지구 이외의 장소에 존재하는 문명을 찾아내려는 프로젝트입니다. 1960년에 '어느 정도 지능을 가진 존재라면 성간 전파 신호를 통해 은하 전체와 교신할 것이다.'라는 가설이 세워진 후 지금까지 외계와 전파 교신을 시도했으나 아직 성과를 거두진 못했습니다. 〈콘택트〉 외에도 〈스피시즈〉(로저 도널드슨, 1995), 〈인디펜던스 데이〉(롤란트 에머리히, 1996), 〈화성 침공〉(팀 버튼, 1996) 같은 SF 영화에서 외계 생명체의 존재를 확인하는 시스템은 바로 이 SETI에 의거하고 있습니다.

2. 칼 세이건 Carl Sagan, 1934~1996

천문학을 대중화한 과학자로, 『코스모스』와 『에덴의 용』의 저자이기도 합니다. 평생 동안 외계 생명체를 찾았던 그는, SETI를 소재로 영화를 만들자는 제안을 받아 〈콘택트〉의 1차 스토리 라인을 썼습니다. 육십 페이지에 달하는 원고에 그는 외계인이 존재한다면 우리에게 어떤 메시지를 보낼 것인지, 우리가 외계인과 맞닥뜨린다면 어떤 반응을 보일 것인지 진지하게 고찰하였습니다. 칼 세이건은 안타깝게도 영화가 완성되기 일 년 전인 1996년에 죽었습니다.

함께 나눌 이야기

1. 영화 속에 등장하는 나침반이 무엇을 상징하는지 함께 이야기 나누어 보세요.

길잡이 애로웨이가 아레시보 천문대 근처 카페에서 파머와 처음 만나 이야기를 나눈 날, 파머가 나침반을 건네주자 애로웨이는 "당신에게 더 필요할 것 같군요!"라며 받지 않습니다. 비밀리에 진행된 2차 발사 직전, 파머는 애로웨이에게 다시 나침반을 건네며 무사귀환을 기원합니다. 드디어 1인용 우주선에 탑승하여 웜홀을 지나는 순간, 애로웨이는 심한 진동으로 공중에 떠다니는 나침반을 붙잡으려다 안전벨트 핀이 빠지는 바람에 불시착합니다. 나침반을 잡으려다 길을 잃다니 이 무슨 아이러니인가요! 하지만 이런 실수 때문에 애로웨이는 어느 행성에 착륙하여 외계 지적 생명체를 만나게 됩니다. 이처럼 〈콘택트〉에서 나침반은 현재의 좌표를 가늠하는 도구라기보다 지금 내가 있는 곳이 어디인지, 어디로 가는지 알려는(혹은 알도록 도우려는) 인간의 무의식 속 길잡이를 상징하는 소품으로 쓰였습니다.

2. 애로웨이가 유명 대학의 교수직이나 안정된 연구직을 포기하고 SETI처럼 '가망 없는' 일에 매달린 이유가 무엇이라 생각하나요? 이 외에도 영화 속에 드러난 애로웨이의 남다른 면모를 찾아보세요.

길잡이 "왜 가망도 없는 일에 그토록 매달리느냐?"는 파머의 질문에 애로웨이는 "난 어릴 때부터 뭔가를 찾아 헤맸다."고 답합니다. 태어나면서 엄마를 여의고 아홉 살에 아빠를 잃어 고아가 된 애로웨이의 어릴 적 외로움이, 망망대해와 같은 밤하늘을 바라보며 막연히 누군가에게 말을 걸고 기다리도록 만든 게 아닐까요? 처음으로 외계 신호를 포착하고 팀을 지휘하는 애로웨이의 모습은 오백여 년 전 망망대해를 건너 신대륙을 발견한 콜럼버스의 모습과도 닮아 있습니다. 주위의 반대에도 굴하지 않고 꿋꿋이 사명을 다한 뒤 그 경험을 있는 대로 이야기하자 청문회에 소환되어 사기꾼으로 몰리는 장면에선 중세의 마녀사냥이나 갈릴레오의 사례가 떠오르기도 합니다. 갈릴레오가 재판관 앞에서 어쩔 수 없이 소신을 굽히고 재판장을 나온 후에야 "그래도 지구는 돌고 있다."고 혼잣말을 한 반면, 애로웨이는 자신의 경험이 거짓임을 인정하라는 주위 압박에 "그럴 수 없다. 난 분명히 보았으니까……."라고 당당히 밝히고 나옵니다. 이 영화의 백미라 할 수 있는 마지막 장면에서도 애로웨이의 남다른 면모를 발견할 수 있습니다. 사회적으로 매장당한 애로웨이는, 콜럼버스처럼 수도원에 은거한 것이 아니라 천문대에서 아이들의 가이드로 자원한 것입니다. 자신의 믿음을 지키기 위해, 남들이 무어라 하건 떳떳하게 앞으로 나아가는 애로웨이에게서 우리는 또 하나의 나침반을 발견할 수 있습니다.

3. 애로웨이가 베가에서 만난 외계인이 아버지의 모습으로 등장한 이유는 무엇이었을까요?

길잡이 수십 억 광년 떨어진 곳에서 우리에게 먼저 전파 신호와 수송기 설계도를 보낸 외계 생명체라면, 지구보다 더 앞선 문명을 가지고 있다는 추측이 가능합니다. 여기서 말하는 앞선 문명이란 기술 진보(IQ)뿐만 아니라 상대를 배려하는 감성 발달(EQ)까지도 의미합니다. 내가 받고 싶은 대우를 상대에게 그대로 해 주는 것이 예의라는 공자의 말이 있습니다. 손님을 맞는 입장에서 외계인은 애로웨이가 편안할 만한 장소, 구체적으로 말해 어릴 적 그토록 가고 싶어 했던 플로리다 주 펜서콜라 해변을 재현하고 애로웨이가 또한 낯선 외계인의 모습에 놀라지 않도록 가장 친숙한 아버지의 모습으로 나타난 것이 아닐까요? 우리보다 앞선 문명의 구성원다운 태도로 보입니다.

가타카

원제 Gattaca
감독 앤드루 니콜(1997년, 미국)
원작 칼 세이건
등장인물 이선 호크(빈센트), 주드 로(제롬), 우마 서먼(아이린)
배경 가까운 미래, 미국
상영 시간 106분(15세 관람가)

유전자가 지배하는 미래의 섬뜩한 예언

〈가타카〉가 개봉된 1997년은 유전공학에 한 획을 긋는 사건이었던 복제양 돌리의 탄생 발표와 더불어 게놈 지도*에 대한 논의가 한창 뜨거울 때였습니다. 이러한 시대적 조류를 반영하듯, 〈가타카〉는 유전공학과 인권에 대한 문제를 제기하여 주목을 받았습니다. 이 영화의 각본과 감독을 맡은 뉴질랜드 출신의 앤드루 니콜은 CF 감독으로 출발, 피터 위어 감독이 연출한 〈트루먼 쇼〉(1998)에서 치밀하면서도 사회성 짙은 시나리오로 할리우드의 주목을 받았습니다. 〈가타카〉는 감독의 첫 데뷔작으로 흡인력 있는 서사는 물론 창의적 아이디어가 돋보이는 배경과 소품으로 저예산의 한계를 극복한 SF 작품이라 평가받고 있습니다.

가까운 미래, DNA*를 해석하여 게놈 지도를 완성한 인류는 우수한 유전자만을 조합하여 시험관 아이를 생산하고 있습니다. 하지만 빈센트는 인공수정이 아니라 부모님의 사랑으로 잉태된 '신의 아이'입니다. 탄생과 동시에 행해지는 유전자 정보 검사에서 '신경계 질병 가능성 60퍼센트, 조울증 가능성 32퍼센트, 집중력 장애 가능성 89퍼센트, 심장 질환 가능성 99퍼센트, 조기 사망 가능성 있음, 예상 수명 삼십 년'이라고 판정되자 아버지는 서른 살에 요절한 화가 반 고흐의 이름을 따서 아기를 빈센트라고 부르기로 합니다. 태어나면서부터 유전적 부적격자라는 꼬리표가 붙은 빈센트는 유치원 입학이 거절되고, 보험에 들 수도 없습니다. 과거에 인종, 국적, 성별에 의해 차별받아 온 인간은 이제 유전자 우열이라는 족쇄 하나를 더 차게 된 셈입니다.

그러던 어느 날, 빈센트에게도 자신의 무한한 가능성을 발견하게 되는 계기가 찾아옵니다. 더 오래 헤엄치는 사람이 이

기는 것으로 하고 동생 안톤과 수영 시합을 한 결과, 인공수정으로 태어나 자신보다 키가 크고 건강한 '과학의 아이' 안톤을 이긴 것입니다. 자신이 생각보다 약하지 않다는 사실을 깨달은 빈센트는 집을 나가 세상에 뛰어듭니다. 빈센트는 자신의 유전적 부적격을 극복하기 위해 콤플렉스를 정면 돌파하고 마침내 '신의 아이'만이 가질 수 있는 의지를 확인한 것입니다.

영화 속에서 '가타카'는 최우수 요원만이 들어갈 수 있는 우주 항공 연구소의 이름입니다. 이곳의 비행사는 엘리트들이 선망하는 직업이지만, 유전자 우열로 신분이 결정되는 사회에서 빈센트에게 허락된 직업은 가타카의 청소부가 고작입니다. 어려서부터 천체와 항공학에 관심이 많던 빈센트는, 옥상 청소를 하면서도 우주로 발사되는 로켓을 보며 남모르게 자신의 꿈을 키워 갑니다. 하지만 복도나 옥상, 화장실이 아닌 연구실 안으로 들어가기 위해서는 입구에서 혈액 검사를 통과해야만 한다는 것을 알고 중대한 결심을 합니다. 엘리트 대열에 끼기 위해 다른 계급의 유전자로 위장하는 일명 '사다리 빌려 타기'를 시도하려는 것입니다. 빈센트는 유전자를 은밀히 사고파는 중개인을 통해 '과학의 아이' 제롬을 소개받습니다. 제롬은 준수한 용모를 지닌 수영 선수였지만, 불의의 사고로 하반신이 마비되어 집에 갇혀 지냅니다. 그는 자신의 우성인자가 담긴 혈액, 소변, 머리카락 등을 제공하고 금전적 보상을 받으려 합니다.

빈센트는 제롬의 유전자를 사기로 결정하고, 외적으로도 완벽히 위장하기 위해 얼굴 윤곽을 성형하고 수술로 다리를 늘입니다. 머리 모양을 바꾸고 렌즈로 눈동자 색을 바꾸는 것은 물론, 행여 자신의 열성 유전인자가 포착되지 않도록 매일 아침 피부 조직을 벗겨 내며 피나는 노력을 합니다. 또한 불시에 신체 검사, 즉 신분 확인 검사를 받는 경우를 대비해 제롬의 혈액과 소변을 정기적으로 제공받습니다. 제롬으로 완벽히 위장한 빈센트는 가타카에 입사하여 우주 비행사가 되고, 동료 비행사인 아이린과 사랑에 빠집니다.

드디어 화성으로의 비행을 일주일 앞둔 시점, 평소 빈센트를 의심하던 가타카의 이사가 살해되는 사건이 일어납니다. 범인이 남겼다고 여겨지는 단서는 오로지 눈썹 한 올. 그것은 어쩌다 실수로 떨어진 빈센트의 눈썹이었고, 수사관들은 종적을 감춰 버린 부적격자 빈센트를 쫓습니다. 집요한 추적으로 빈센트는 신분이 노출될 위기에 처하지만, 아이린과 제롬의 도움을 받아 무사히 고비를 넘깁니다. 그런데 범인을 쫓던 수사관들 중에 빈센트의 동생 안톤이 있을 줄이야. 안톤은 제롬 행세를 하는 빈센트가 자신의 형이라는 것을 눈치채고, 형을 사기죄로 체포하려고 합니다. 하지만 진짜 범인은 다른 사람이었음이 판명되어 빈센트는 위기를 면합니다.

우성인자를 갖고 태어난 동생이지만, 형과의 마지막 수영 시합에서 패배하자 안톤은 형의 능력과 의지를 인정합니다. 망망대해에서 동생을 구해 나오며 "너와는 달라. 나는 더 이상 물러설 곳이 없으니까."라고 말하는 빈센트의 모습은 관객의 가슴을 뭉클하게 만듭니다. 빈센트는 마침내 우주 비행사의 꿈을 이루고, 제롬은 스스로 생을 마감하는 것으로 영화는 마무리됩니다.

이 영화를 통해서, 우리는 개인의 운명을 완전히 결정지을 수 있는 유전자는 없으며 인간을 살아가게 하는 힘은 무엇보다도 의지와 희망임을 깨닫게 됩니다. 〈가타카〉에서 가장 인상적인 것은 유전공학이 지배하는 비관적인 미래상이 아니라, 결정론적인 가치관과 주어진 운명에 맞서 처절하게 노력하는 빈센트의 모습이 아닐까 합니다. 정신분열증과 외로움에도 불구하고 하루도 빠짐없이 태양과 불꽃, 별을 그리며 사랑을 갈구했던 빈센트 반 고흐처럼…….

1. 게놈Genome 지도

게놈이란 유전자(gene)와 염색체(chromosome)의 합성어입니다. 신체 기관의 구조와 활동을 통제하는 모든 사항이 유전자와 염색체에 저장되어 있으므로, 게놈 해독은 생명의 설계도를 만드는 것과 같습니다. 게놈 지도가 완성되면 유전병 진단과 치료는 물론, 열성유전자를 우성유전자로 바꾸는 것도 이론적으로는 가능합니다. 반면 유전자 정보공개로 인한 사생활 침해, 자본이 개입된 유전자 조작과 인간 차별이라는 암울한 미래도 예측되고 있습니다.

2. DNAdeoxyribonucleic acid

생명체의 유전자 정보를 담고 있으며, 인산과 당으로 구성된 두 사슬이 염기를 사이에 두고 꼬인 이중나선 형태입니다. 가타카(GATTACA)는 DNA 염기 서열인 구아닌(G), 아데닌(A), 티민(T), 시토신(C)의 조합으로 지은 이름으로, 유전자에 좌우되는 생물학적 계급사회를 암시합니다. DNA 염기서열의 구조를 본뜬 제롬의 아파트 층계 또한 이러한 사회를 시각적으로 암시합니다.

함께 나눌 이야기

1. 만약 인간을 유전자 정보로 판단하는 사회가 온다면 어떤 차별이 발생할지, 또한 왜 미래는 '유전자 권력 시대'가 될 것이라 전망되는지 추측해 보세요.

길잡이 〈가타카〉에서 묘사된 21세기는 유전자에 의해 계급화된 암울한 미래입니다. 우성유전자를 보유한 사람이 사회의 주요 부문을 장악하고, 열성유전자를 보유한 사람은 하층민의 삶을 살아갑니다. 개인의 노력에 의한 계급 상승도, 계급이 다른 사람 간의 사랑도 사실상 불가능해 보입니다. 물론 게놈 지도가 완성되어 유전자 중심의 사회가 되면 개인의 유전 정보를 미리 알아냄으로써 유전 질환을 예방하고 치료할 수도 있고, 식량 자원의 증대를 꾀할 수도 있을 것입니다. 하지만 이에 못지않게 염려되는 부분도 많습니다. 현재는 건강하더라도, 유전자상 질병 가능성이 크다는 이유 때문에 고액 보험료를 내야 하거나 취업이 거부될 수 있습니다. 게다가 범죄 성향이 높은 유전자를 가졌다는 이유만으로 죄인 취급을 받을 수도 있겠지요. '좋은' 유전자를 가진 사람과 그렇지 못한 사람의 사회적 격차도 크게 벌어질 것입니다. 이러한 차별은 집단에까지 확대되고, 집단들 사이의 갈등을 불러일으키겠지요.

2. 이 영화엔 자연 수정된 빈센트와 인공수정으로 태어난 동생이 수영 시합을 하는 장면이 여러 번 등장합니다. 유전적으로는 열성인 빈센트가 동생을 이길 수 있었던 이유는 무엇일까요?

길잡이 인간의 여러 가지 특성과 능력은 유전자에 의해서만 결정되지 않습니다. 빈센트는 우수한 유전자를 갖지 못했지만 강한 정신력으로 부단한 노력을 기울였고, 그리하여 동생과의 시합에서 매번 이길 수 있었습니다. 심장 질환 가능성 99퍼센트라는 열악한 조건에도 불구하고 수영을 즐겨 했다는 것은, 외적 약점을 극복하려는 빈센트의 강한 의지를 드러냅니다. 사회적 차별을 당하는 상황에서도 빈센트는 잠재된 가능성을 최대한 발휘하여, 유전적 결함도 얼마든지 인간의 의지와 노력으로 극복할 수 있다는 사실을 보여 줍니다.

A.I.

원제 A.I. : Artificial Intelligence
감독 스티븐 스필버그(2001년, 미국)
등장인물 헤일리 조엘 오스먼트(데이비드), 프랜시스 오코너(모니카), 샘 로바즈(헨리), 주드 로(지골로 조), 윌리엄 허트(하비 박사)
배경 미래, 미국
상영 시간 146분(12세 관람가)

진실한 사랑은 과연 인간만의 전유물인가?

빌 게이츠는 2007년 1월 미국의 한 과학 잡지를 통해 'PC 산업의 뒤를 이을 대박 산업은 로봇 산업'이라고 지적한 바 있습니다. 스탠리 큐브릭 감독이 구상하고 스티븐 스필버그 감독이 연출한 〈A.I.〉는 큐브릭의 이성과 스필버그의 감성이 어우러진 미래 SF영화라는 평으로 화제를 모았습니다. 작업용, 전투용, 가사용 등 다양한 로봇이 보편화된 미래 사회에서 어린이 로봇으로 만들어져 입양되었다가 버림받는 데이비드의 여정을 통해, 과학 기술과 휴머니즘에 대해 짚어 볼 수 있는 작품이기도 합니다.

과학 문명이 발전한 미래 사회, 지구온난화* 와 기후 변동으로 빙하가 녹고 해수면이 높아지며 해안 도시들이 사라져 갑니다. 자원

고갈로 인해 많은 사람들이 굶어 죽고 정부가 출산에 법적 제재까지 가하는 시점에서, 먹지도 않고 자원을 소모하지도 않는 로봇이야말로 인간에게 필수 불가결한 존재가 됩니다. 초기의 로봇은 인간 대신 일을 하는 기계에 불과했지만, 하비 박사는 신경 진화 기술을 이용한 지능형 행동회로를 장착하여 감정을 지닌 최초의 A.I.* 로봇을 개발하고, 마침내 인간 아이를 대체할 수 있는 어린이 로봇까지 생산합니다.

데이비드는 '신뢰 프로그램'을 입력한 대상에게 영구히 애정을 쏟게 만들어진 어린이 로봇으로, 불치병에 걸려 냉동된 아들의 치료법이 발견될 날만 기다리고 있는 모니카와 헨리에게 시범 입양됩니다. 친아들 마틴과 닮은 데이비드를 처음 만날 때까지도, 모니카는 마틴을 대신할 존재는 없다며 로봇 아이를 좀처럼 받아들이지 않습니다. 그러나 얼마 지나지 않아 모니카는 마음의 문을 열고 데이비드를 입양하기로 결심합니다. 모니카가 '신뢰 프로그램'을 입력하자, 데이비드는 그녀를 엄마로 믿고 따르며 사랑스런 아들 역할을 합니다.

행복한 순간도 잠시, 마틴이 기적적으로 살아나자 데이비드의 위치는 흔들리기 시작합니다. 인간 아이를 대신하는 '용도'로 들여온 로봇 아이는 인간이 돌아오자 존재 이유가 없어진 것입니다. 데이비드에 대한 마틴의 질투는 로봇 장난감 테디 베어에게 "네 주인이 누군지 말해 보라."고 주문하는 데서 시작하여 (로봇은 소화시킬 수 없는) 시금치 먹기, 가위로 엄마의 머리카락 잘라 오기 경쟁을 부추기는 데까지 이릅니다. 이처럼 예기치 않은 상황들로 인해 오해가 빚어지면서, 결국 데이비드는 인간에게 해악을 끼치는 로봇이라고 판정받습니다.

두 아이가 한 집에서 공존할 순 없다는 생각에, 모니카는 데이비드를 테디 베어와 함께 멀리 떨어진 숲 속에 내다 버립니다. 데이비드는 자신이 울며 매달리고 애원했음에도 불구하고 뒤돌아서 떠나버린 엄마를 원망하지 않습니다. 자신이 버림받은 이유는 인간 아이가 아니기 때문이고, 피노키오 이야기에 등장하는 '푸른 요정'을 찾아 마법의 힘으로 진짜 인간이 되면 잃어버린 엄마의 사랑을 되찾을 수 있다고 믿기 때문입니다.

숲 속에서, 데이비드는 살인 누명을 쓰고 도망 다니는 로봇 지골로 조를 만납니다. 요정을 찾아 인간이 되려면 '여자 전문가'인 자신의 도움을 받아야 한다는 조의 말에 넘어간 데이비드는 그와 동행합니다. 하지만 얼마 가지 못해 이들은 망가진 로봇들과 함께 '폐기물 축제'로 끌려가고 맙니다.

플레시 페어(flesh fair)라고 불리는 이 행사는, 버려진 로봇들을 탄환 삼아 쏘아 올리거나 끔찍하게 파괴하며 구경꾼들에게 돈을 받는 것입니다. 가해의 대상이 되는 로봇들이 주로 흑인, 노인, 소녀의 모습을 하고 있다는 점은 의미심장합니다. 다행히 한 소녀의 도움으로 위기를 벗어난 데이비드 일행은 '다알아 박사'(Dr. Know)의 안내를 따라 맨해튼으로 푸른 요정을 찾아갑니다.

데이비드는 자신을 만들어 낸 로봇공학자 하비 박사의 연구소를 찾아갑니다. 박사의 책상 위에 놓인 사진 속 그의 아들이 자신과 똑같이 생겼다는 것, 그리고 연구실에서 자신과 똑같은 모습의 로봇들이 대량 생산되는 것을 보고 데이비드는 소스라치게 놀랍니다. 자신이 유일하고 특별한 존재라 믿었던 데이비드는 충격을 받아 자포자기하듯 건물 아래로 뛰어내립니다. 조가 데이비드를 구하려 하지만, 데이비드는 점점 더 깊은 바닷속으로 가라앉습니다.

바닷속에서 그토록 찾아 헤매던 푸른 요정을 발견한 데이비드는 자신을 인간 아이로 만들어 달라고 애원합니다. 하지만 놀이동산의 동상에 불과한 푸른 요정은 미소만 지은 채 아무 대답이 없습니다. 바닷물이 얼어붙고, 결국 데이비드가 눈을 뜬 채로 움직이지 않게 될 때까지…….

이천 년이라는 긴 시간이 흐른 뒤에야 데이비드는 소원을 이룹니다. 이미 인간은 멸종되고, 인간의 자취를 찾기 위해 해저를 탐사하던 외계 생명체가 데이비드를 발견한 것입니다. 이들은 텔레파시를 통해 데이비드의 과거와 속마음을 읽어 내고, 옛날에 살던 집을 가

상현실로 복원해 줍니다. 그리고 테디 베어가 간직하고 있던 모니카의 머리카락에서 DNA를 추출하여, 오래전 죽은 그녀를 되살려 줍니다. 단 하루뿐이긴 하지만 말입니다.

데이비드에게 엄마와 함께하는 하루는 영원과도 맞바꿀 수 있을 만큼 행복한 날이 됩니다. 잠에서 깨어난 엄마에게 커피를 가져다드리고, 그림을 그리고 숨바꼭질 놀이도 합니다. 따로 생일이 없는 데이비드지만, 엄마를 다시 만난 그날을 생일로 정합니다. 촛불을 켠 케이크를 앞에 놓고 엄마가 소원을 빌라 이르자, 데이비드는 "이미 소원이 다 이루어졌다."고 말합니다.

데이비드 말대로, 마침내 소원은 이루어진 것일까요? 꿈에 그리던 엄마와의 행복한 하루를 보낸 데이비드는 이제 엄마 곁에서 잠을 청합니다. 태어나서 처음으로, 영원히 깨어나지 않을 꿈속으로 돌아간 듯 편안한 미소를 지으며…….

1. 지구온난화

석유와 석탄을 연소시킬 때 발생하는 이산화탄소 등의 온실가스가 증가하여 지구 평균 기온이 높아지는 현상을 말합니다. 이 때문에 극지방의 얼음이 녹아 해수면 상승과 침수 피해가 예상됩니다. 지구온난화가 지구의 모든 생명체에 미치는 영향은 이루 말할 수 없을 만큼 지대합니다. 지구온난화를 다룬 영화로는 〈워터 월드〉(케빈 레이놀즈, 1995), 〈아이스 에이지 2〉(카를루스 살다냐, 2006), 〈해피 피트〉(조지 밀러, 2006) 다큐멘터리로는 〈얼음왕국〉(티에리 라고베르·티에리 피안타니다, 2006), 〈불편한 진실〉(데이비스 구겐하임, 2006)이 있습니다.

2. A.I. Artificial Intelligence

A.I. 즉 인공지능 개념은 보통 '인간의 지적 기능을 이해하고 컴퓨터로 실현하는 것'으로 규정되며, 로봇은 그 실체라고 할 수 있습니다. 인공지능은 항공, 군사, 산업 분야에 주로 도입되어 왔지만 컴퓨터가 그랬듯 점차 일상생활에까지 확산되어 청소 로봇이나 수출 로봇, 애완견 로봇 등 다양한 로봇이 등장하고 있습니다. 인공지능의 진화에 따라 로봇과 인간의 관계가 재편될 날도 멀지 않은 듯 보입니다.

함께 나눌 이야기

1. 병이 완치되어 집에 돌아온 마틴은 데이비드를 시기하고, 마침내 데이비드는 집에서 쫓겨납니다. 마틴의 행동에 대해서 얘기해 보고, 만일 여러분의 집에 로봇이 입양된다면 어떻게 받아들일지 생각해 보세요.

2. 하비 박사의 연구실에서 데이비드는 의자에 앉아 있는 또 하나의 데이비드를 보고 당혹감을 감추지 못합니다. 그러고는 갑자기 폭력적으로 변해 자신을 닮은 또 하나의 존재를 망가뜨립니다. 무엇이 그토록 데이비드를 혼란스럽게 했을까요?

길잡이 그때까지 데이비드는 로봇 중에서도 자신만이 특별하고 독특한 존재이기 때문에 인간이 되어 엄마의 사랑을 얻을 수 있다고 믿어 왔습니다. 그러나 자신이 다른 여러 로봇들과 똑같이 설계되고 만들어졌다는 것을 깨닫자 충격을 받고 바닷속에 뛰어들게 된 것이죠. 게다가 자기와 똑같은 모습의 로봇들이 '데이비드'라는 이름을 마치 상표처럼 붙인 채 푸줏간 선반의 고기처럼 죽 매달려 있는 모습을 보았으니 당연히 정체성에 혼란을 느낄 수밖에요. 그래서 자신의 모습을 한 또 다른 데이비드를 부정하고, 결국 자신까지도 부정하면서 자포자기의 심정으로 물속 깊이 뛰어든 것이 아닐까요?

3. 영화의 마지막 부분에서 데이비드는 엄마와 꿈 같은 하루를 보내게 됩니다. 단 하루라는 짧은 시간에도 불구하고, 데이비드는 마침내 행복감을 느끼며 잠들 수 있었습니다. 그 이유는 무엇일까요?

길잡이 비록 단 하루뿐이지만 데이비드는 푸른 요정에게 간절하게 빌었던 대로 엄마의 사랑을 받게 되었고, 엄마의 '하나뿐인' 아들이 되었습니다. 그날은 데이비드가 오랫동안 소망해 왔던, 오직 데이비드를 위한 하루였습니다. 하루 종일 엄마 곁에 머물렀고, 무엇보다 엄마에게 "사랑한다."는 말을 들었으니까요. 둘은 지난 얘기를 하며 함께 그림을 그리고 테디 베어를 골려 주면서 놉니다. 자신의 생일 케이크에 켜진 초를 하나둘 부는 순간 날이 저물지만 데이비드는 실망하지 않고, 이제 눈 뜨면 사라져 있을 엄마를 바라보며 엄마 곁에서 잠듭니다. 태어나서 처음으로, 자신이 살아온 이천 년 중 가장 행복했던 시간을 생각하며 잠이 든 것입니다. 이제 누구도 침범할 수 없는 엄마와의 추억이 생겼기에, 즉 인간이 될 수 없을 것 같았던 로봇 데이비드가 마침내 인간이 된 하루였기에, 그는 행복을 느끼며 잠들었을 것입니다.

바이센테니얼 맨

원제 Bicentennial Man
감독 크리스 콜럼버스(1999년, 미국·독일)
원작 아이작 아시모프
등장인물 로빈 윌리엄스(앤드류), 샘 닐(마틴), 엠베스 데이비츠(아만다), 올리버 플랫(루퍼트 번즈 박사)
배경 미래(2005년~2205년), 미국
상영 시간 132분(전체 관람가)

이백 년을 살다 간,
인간보다 더 인간적인 로봇 이야기

인간 모습을 한 로봇은, 1927년 독일에서 만들어진 영화 〈메트로폴리스〉(프리츠 랑) 이래 SF영화의 단골 소재가 되어 왔습니다. 〈2001년 스페이스 오디세이〉(스탠리 큐브릭, 1968), 〈터미네이터〉(제임스 캐머런, 1984), 〈공각기동대〉(오시이 마모루, 1995) 등 많은 SF영화들이 테크노포비아(기술 공포증)와 비관적 시각을 견지한 데 비해, 〈바이센테니얼 맨〉은 미래 사회에 대해 따뜻하고 낙관적인 시각을 드러냅니다.

원제 'Bicentennial Man'를 그대로 해석해 보자면, 영생을 거부하고 '이백 년(만)을 살다 간 사나이'입니다. 제목에서부터 과연 왜 그랬을까 하는 의문이 듭니다. 이백 년 동안 몇 세대에 걸친 인간

관계를 통해 자신의 정체성을 되묻고 인간으로 거듭나고자 했던 이 로봇의 '자발성'과 '의지'는 과연 어디에서 온 것일까요? 조물주가 자신의 형상대로 인간을 창조했고 인간은 자신의 모습을 닮은 인형, 나아가 인공지능 로봇을 만들었다면 과연 신과 인간, 인간과 로봇의 경계는 어디일까요?

회색 톤으로 길게 진행되는 오프닝 시퀀스*는 로봇의 생산 라인을 재현합니다. 금속 판형, 합금, 배선, 부품 조립, 나사 조이기 과정을 통해 수천 개의 로봇이 점점 빨라지는 배경음악만큼이나 신속하게 생산됩니다. 곧이어 밝은 톤의 주택가 정경이 등장하고, '가까운 미래'라는 자막이 떠오르며 배달부가 가전제품 박스를 집 안으로 나릅니다. '평생 보증'이란 도장이 찍혀 있는 포장을 풀어내자 로봇이 등장합니다. 리모컨 작동으로 로봇의 3원칙*을 복창하는 이 기계는 가사 도우미 로봇으로, 제품명은 NDR-114입니다. 이 집 작은아씨가 안드로이드란 단어를 잘못 발음해 생긴 애칭 앤드류는 이백 년간 그의 이름이 됩니다.

그런데 만일 이 로봇이 불량품이라면? 예를 들어, 조립 과정 중

엔지니어가 샌드위치를 먹다 마요네즈 한 방울을 떨어뜨렸다면(원래 시나리오에는 이렇게 설정되어 있었지만, 아쉽게도 편집하면서 이 장면은 삭제되었다고 합니다) 어떨까요? 기계용 윤활유 대신 마요네즈가 들어간 로봇의 신경계에 큰 변화가 생기는데, 바로 로봇에게는 있을 수도 없고 있어서도 안 될 지능·호기심·온정·창의성을 지니게 된 것입니다.

재미있는 부분은, 앤드류가 최초로 창의성을 발휘하는 시점이 '실수'를 한 다음이라는 점입니다. 자기에게 이름을 붙여 준 작은아씨 아만다의 크리스털 말(馬)을 깨뜨리고 미안한 마음을 표현하기 위해 머리를 쥐어짜다가, 깨어진 크리스털 조각 대신 나무로 말을 조각해 선물한 것입니다. 자신이 저지른 실수로 인해 '미안함'이라는 인간적 감정을 느끼면서 창의성이 발현된 셈입니다.

이 외에도 클래식 음악을 듣고 유머에 관심을 갖는 등 앤드류의 특이한 행동을 보고, 주인 마틴은 제조사에 진단을 의뢰합니다. 회사 측은 가전제품에게 창의성이란 단지 '신경회로 장애'일 뿐이니 교환을 해 주겠다고 하지만, 마틴은 이 '장애'를 개성으로 존중하며 앤드류를 보호합니다. 뿐만 아니라 "개성은 값을 매길 수 없이 귀중한 거야!"라며 일하는 시간 외에 정식으로 창작 시간을 할애해 주고, 밤늦게 공부를 가르치는 등 앤드류를 마치 친자식 대하듯 합니다.

앤드류는 자신이 개발한 독특한 시계 조각으로 큰돈을 벌고, 로봇으로는 전례가 없이 자기 이름으로 된 은행 구좌도 만듭니다. '특별한 로봇' 앤드류에게 사랑 비슷한 감정을 느끼게 된 아만다 역시 앤드류의 든든한 후원자 중 한 사람입니다. 그러나 인간과 기계의 협연은 가능해도 둘의 결합은 있을 수 없는 일. 아만다는 다른 남자와 결혼을 하며, 로봇 앤드류는 이때 처음 인간의 옷을 입고 결혼식장 안내를 맡습니다. 사랑을 성취하지 못한 앤드류는 대신 자유를 갈망하기 시작합니다. 누구에게 소속된 물건이 아닌, 있는 그대로의 자기 자신을 원하게 된 것입니다.

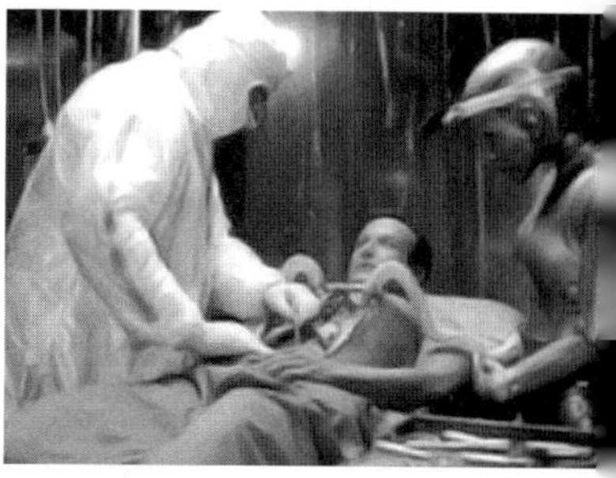

앤드류의 지성은 자신의 정체성을 찾으려는 의지로 발전하고, 그는 동족의 소재를 찾기 위해 긴 여행길에 오릅니다. 전국 각지를 돌며 NDR 계열의 로봇을 찾아다니던 앤드류는 샌프란시스코에서 갈라테이아라는 로봇을 만납니다. 갈라테이아는 로봇의 외형을 인간 모습으로 바꾸는 데 성공한 번즈 박사의 비서입니다. 박사의 도움으로 마흔두 살 남자의 외모로 변신한 앤드류는, 박사에게 자신이 고안한 인공장기 디자인을 보여 주며 그동안 자신이 시계 조각을 해 번 돈으로 개발비를 대겠다고 말합니다. 인간이 만든 로봇 앤드류는, 이제 자신이 번 돈으로 인간을 후원하기까지 합니다.

사람의 모습을 한 로봇 앤드류는 이십 년 만에 마틴의 집을 찾아갑니다. 아만다와 똑같이 생긴 그녀의 손녀딸 포샤를 보고 앤드류가 당황하자, 아만다는 이것이 한 세대를 걸러 유전하는 격세유전의 결과라고 말해 줍니다. 그는 점점 포샤에게 애정을 느끼면서 자신의 감정을 적극적으로 표현합니다. 번즈 박사가 만든 인공장기를 넣고 안팎으로 인간화되어 미묘한 감각까지 느낄 수 있게 된 앤드류는 드디어 포샤에게 청혼합니다.

앤드류는 자신이 인간임을 인정받기 위해 법원에 달려가지만, 법원은 안드로이드는 영생하기 때문에 엄밀히 인간과 다르고 이 사회에서 불멸의 로봇은 인정해도 불멸의 인간은 인정할 수 없다며 그의 청을 들어 주지 않습니다. 그로부터 수십 년에 걸쳐 과학 기술을 총동원하여 인간과 같은 모습으로 늙어 간 앤드류는 마침내 포샤와 나란히 누워 손을 잡고 임종하기를 선택합니다. 그가 로봇으로 작동하여 세상에 나온 지 이백 년 만인 2205년, 미 법원은 앤드류를 인간과 결혼하고 인간으로 죽은, 역사상 최초의 로봇으로 등록합니다.

1. 오프닝 시퀀스opening sequence

영화가 시작되고 제목과 배우 등의 정보를 담은 오프닝 크레디트가 올라갈 때까지, 영화의 분위기나 앞으로 벌어질 일을 예고하는 부분입니다. 오프닝 시퀀스는 쿠엔틴 타란티노 감독의 말처럼 아직 '아무것도 모르는 관객에게 보내는 백지 초대장'이며, 영화의 정수가 녹아 있다 해도 과언이 아닙니다. 오프닝 시퀀스의 예술성이 돋보이는 영화로는 〈현기증〉(앨프리드 히치콕, 1958), 〈분노의 주먹〉(마틴 스콜세지, 1980), 〈세븐〉(데이빗 핀처, 1995), 〈가타카〉(앤드루 니콜, 1997), 〈올드 보이〉(박찬욱, 2003) 등이 있습니다.

2. 로봇의 3원칙

첫째 로봇은 인간에게 해를 끼칠 수 없고, 둘째 인간의 명령에 복종해야 하며, 셋째 위 두 가지 원칙에 위배되지 않는 한 자신을 보호해야 한다는 것으로 이 영화의 원작자인 아이작 아시모프의 '로봇공학 3원칙'에서 비롯되었습니다. 로봇의 3원칙은 수많은 SF소설과 영화에 아이디어를 제공해 왔으며, 〈바이센테니얼 맨〉뿐 아니라 〈아이, 로봇〉(알렉스 프로야스, 2004)에서도 중요한 모티프로 등장하고 있습니다.

함께 나눌 이야기

1. 인간마저 놀라게 했던 앤드류의 인간적인 특성은 어떤 것들인가요? 다른 동물 혹은 로봇과 구별되는 인간만의 특징이 과연 무엇인지 생각해 보세요.

길잡이 〈바이센테니얼 맨〉은 인간이 되기를 바라는 한 로봇을 통해 인간의 존재 가치를 묻는 영화입니다. 흔히 로봇은 할 수 없다고 간주되는 것들, 바꾸어 말하면 인간의 전유물로 여겨지는 것들이 무엇인지 생각하면서 영화 속 앤드류의 독특한 행동들을 살펴보면 '아! 이래서 인간이구나…….'라는 생각에 도달할 수 있습니다. 음악 감상, 호기심, 창작, 유머 감각, 사랑과 자유에 대한 갈망 그리고 이별의 슬픔과 죽음까지……. 특히 번즈 박사가 앤드류에게 "침 흘리고 눈물 흘리고 늙어서 주름살 생기는 것도 인간이기에 누릴 수 있는 축복이다."라고 말하는 부분은 매우 인상적입니다. 앤드류에게 처음으로 인조 피부를 덧씌우는 장면에서 번즈 박사는 뭉툭한 주먹코, 짝짝이 눈, 큰 머리 등도 한 사람의 인상을 결정짓는 요소, 즉 '개성'이라고 말합니다. 독특하고 불완전한 모순 덩어리가 인간이라는 번즈 박사의 표현은 '틀린 일을 하는 것이 옳은 일이다(Doing the wrong thing is right thing).'라는 심오한 이야기로까지 연결됩니다.

2. 앤드류가 영생을 포기하고 늙어 죽기를 택한 이유가 무엇이라고 생각하나요?

길잡이 바이센테니얼 맨은 로봇으로 태어났으나, 사람으로 살기 위해 이백 년(bicentennial) 만에 죽음을 선택했습니다. 마틴과 아만다의 죽음을 지켜보며 '내가 사랑하는 사람들은 모두 나를 떠나가겠지?'라고 생각한 앤드류는 환경이 변할 수 없다면 스스로의 속성을 바꾸겠다고 결심합니다. 인간이 만든 세상에서 삶의 진정한 의미를 느끼기 위해 그는 인간과 같은 방식으로 살아가길 원합니다. 의미 없는 미래보다 의미 있는 현재를 원했기에 번즈 박사에게 자신을 죽을 수 있는 존재로 만들어 달라고 부탁한 것입니다. 영화 끝 부분, 백발의 노인이 되어 법원에 선 앤드류는 "영원히 살 수 있는 로봇이 되느니 인간으로 죽고 싶다."고 선언합니다. 판사가 그 이유를 묻자 "단순한 진실을 인정받고 싶기 때문이다."라고 대답하는데, 심리학자 매슬로의 욕구위계론과 관련시켜 생각해 볼 때 이는 의미심장한 말입니다.

매슬로의 '욕구 5단계설'에 따르면 인간은 ①생리적 욕구 ②안전 욕구 ③인정 욕구 ④자기존중 욕구 ⑤자기실현 욕구를 가지고 있는데 낮은 단계의 욕구가 충족되면 더 높은 단계의 욕구를 채우려 한다고 합니다. 다시 말해 누구나 생리적 욕구와 안전 욕구가 어느 정도 충족되면 소속감이나 애정 같은 인정 욕구를 충족하고 싶어진다는 것입니다. 죽음을 선택하면서까지 인간임을 인정받고 싶어 하는 앤드류의 모습은 타자와의 관계를 통해 타인에게 인정받음으로써 정체성을 획득해 나가는 인간의 사회적 특성을 잘 보여 주고 있습니다. 앞쪽의 생리적 욕구, 안전 욕구가 모든 생명체에서 나타날 수 있는 본능이라면 뒤쪽의 자기존중 욕구, 자기실현 욕구는 사회적 존재로서 인간의 특성을 반영한 것이라 볼 수 있습니다.

아이, 로봇

원제 I, Robot
감독 알렉스 프로야스(2004년, 미국·독일)
원작 아이작 아시모프
등장인물 윌 스미스(델 스푸너), 브리지트 모나한(캘빈 박사), 제임스 크롬웰(래닝 박사), 브루스 그린우드(로버슨 회장), 알란 터딕(로봇 서니)
배경 2035년, 미국
상영 시간 115분(12세 관람가)

인간은 로봇의 꿈, 로봇은 인간의 꿈

영화 〈아이, 로봇〉과 〈바이센테니얼 맨〉의 원작자 아이작 아시모프는 '로봇공학 3원칙'의 창시자로 유명합니다. 〈바이센테니얼 맨〉이 로봇에서 인간이 된 주인공의 일생을 통해 인간다움에 대한 성찰을 시도했다면, 〈아이, 로봇〉은 로봇의 인격화 과정에서 발생한 프로그래밍 오류를 부각시킴으로써 로봇과 인간 사이에서 벌어질 수 있는 갈등과 이에 따른 섬뜩한 미래상을 그려 내고 있습니다.

주인공인 델 스푸너 형사의 악몽으로 영화는 시작됩니다. 교통사고가 나면서 스푸너가 탄 차와 트럭 한 대가 강으로 떨어지고, 스푸너와 트럭 조수석의 어린아이는 강물 속으로 가라앉아 갑니다. 그

때 구조 로봇이 오는데, 로봇은 아이는 내버려 두고 스푸너를 먼저 구합니다. 스푸너의 생존 확률이 더 높다고 분석했기 때문입니다. 그러는 동안, 적색 경보등이 비치는 강물에 '로봇공학 3원칙'의 내용이 활자로 찍히다 물거품이 되어 부서집니다.

잠에서 깨어난 스푸너는 오래된 팝송을 들으며 2004년형 빈티지 운동화를 신고 수동식 자동차를 운전합니다. 스푸너는 로봇 혐오증을 가지고 있으며 로봇은 사람을 흉내 내는 기계일 뿐이라 생각합니다. 또한 로봇이 완벽하게 통제될 수 있다는 과학자들의 주장에 대해서도 의심합니다.

서기 2035년의 시카고는 우주여행이 일상화되고, 복권에 당첨되면 로봇이 경품으로 주어지는 곳입니다. 3D 업종*에 종사하는 구형 로봇들이 인간들과 나란히 거리를 활보하는가 하면, 거대 로봇 기업 USR사의 신제품인 NS-5 출시 광고가 전광판을 수놓습니다. 그 무렵 USR사의 공동 창업자이자 개발 책임자인 앨프리드 래닝 박사가 추락사하는 사건이 발생하고, 스푸너는 현장 출동 요청을 받습니다. 스푸너는 죽은 래닝 박사가 생전에 녹화한 메시지를 홀로그램 영사기를 통해 확인합니다. 왜 자신을 불렀냐는 스푸너의 질문에, "자넬 믿으니까……. 그리고 상식을 깨는 게 내 취미 아니던가?"라는 알쏭달쏭한 대답만을 남기고 래닝 박사의 홀로그램은 사라집니다.

스푸너는 USR사의 회장 로버슨과도 만납니다. 로버슨은 자살이라고 단정하지만, 스푸너는 타살일지도 모른다며 현장을 둘러보고 싶다고 말합니다. 회장은 로봇 심리 전문가인 캘빈 박사를 소개해 주고 형식적인 수사를 허락합니다. 캘빈의 안내로 회사 내부를 둘러보던 스푸너는, 빌딩 전체를 감시하는 인공지능 '비키(VIKI)'와 연결된 센서가 사방에 부착되어 있다는 사실을 알게 됩니다. 스푸너는 사고 전후의 연구실 녹화 영상을 보려 하지만, 영상이 자꾸 끊어지자 타살 쪽으로 심증을 굳힙니다. 또한 연구실 유리창이 밖에서 부술 수 없는 강화유리임을 확인하고 회사 내부에 범인이 있음을 감지합니다. 스푸너가 래닝 박사의 책상 위에 놓여 있던 『헨젤과 그레텔』 동화책을 집는 순간, 또 하나의 사건이 발생합니다. 로봇 하나가 정적을 깨뜨리고 나와 유리창 밖으로 도망친 것입니다.

스푸너는 로봇을 추적한 끝에 USR사의 NS-5 조립 공장에 도착합니다. 캘빈은 점검 시스템을 통해 로봇의 수가 일일 생산량인 천 개보다 하나 더 많다는 사실을 확인합니다. 마침내 스푸너는 도망친 로봇을 찾아내고, 로봇은 영화 〈프랑켄슈타인〉 속 괴물처럼 "난 누구죠(Who am I)?"라 절규하다 그물에 생포됩니다. 심문 과정에서 로봇은 '아버지' 래닝 박사가 자신에게 감정을 심어 주었다며 자신은 인간처럼 꿈을 꾸는 존재라고 주장합니다. 스푸너가 비

웃으며 '깡통'이라고 부르자, 로봇은 자신의 이름이 '서니(SUNNY)'라고 외칩니다.

신제품 출시에 타격을 입을까 염려한 로버슨 회장은 심문 현장에 나타나 "로봇은 기계이자 회사의 소유물일 뿐이며, 설사 로봇이 사건에 연루되었다 해도 이는 산업재해에 불과하다."고 주장하면서 사건을 서둘러 종결시키려 합니다. 하지만 뭔가 석연치 않은 구석이 있다고 판단한 스푸너는 단서를 구하러 래닝의 집을 찾아갑니다. 이때 책상에 놓인 노트북 화면을 통해 박사의 발표 장면을 접하고, '로봇 유령(컴퓨터에 존재하는 무작위 결합의 게릴라 코드가 로봇에게 자유의지와 영혼을 깃들게 하면 로봇이 진화할 수도 있다는 가설)'에 대한 정보를 입수하게 됩니다. 여기서 스푸너는 또 한 번 예기치 않은 로봇들의 습격을 받지만, 구사일생으로 살아납니다.

스푸너는 이 모든 일이 래닝 박사가 발견한 로봇의 결함을 은폐하려는 로버슨 회장의 음모가 아닐까 추측합니다. 하지만 그때 홀로그램 영사기를 통해 래닝 박사가 다시 나타나고, 스푸너는 박사의 메시지를 통해 사건을 재구성하기 시작합니다. 래닝 박사는 자신이 만든 인공지능 비키가 스스로 진화할지 모른다는 의심을 품고서, 이를 막기 위해 서니를 창조했습니다. 또한 사람들의 주의를 끌고 세상에 진실을 알리기 위해 자살을 택했습니다. 그리고 이 사건을 해결할 적임자가 스푸너라고 판단하여 추적의 단서들을 (헨젤과 그레텔처럼) 여기저기 흘려 놓았던 것입니다.

캘빈은 로버슨 회장으로부터 서니의 뇌를 교체하라는 명령을 받지만, 결국 다른 로봇으로 대체하고 서니는 살려 둡니다. 스푸너 역시 서니에게 자유의지가 존재하고 '꿈'을 꾼다는 사실을 서서히 인정하기 시작합니다. 서니가 꾼 꿈을 그린 연필 스케치에는 끊어진 거대한 다리 밑에 로봇들을 모아 놓고 집회를 여는 레인메이커*의 모습이 등장합니다. 그 인물이 바로 스푸너일 거라며, 서니는 스케치를 스푸너에게 건네줍니다.

같은 로봇인 비키의 설득에도 불구하고, 서니는 인류를 지배하려는 로봇들의 단체 행동에 동참하는 것을 거부하고 스푸너와 캘빈을 돕습니다. 서니는 래닝 박사가 자신을 특별하게 만든 것이 인간을 제 뜻대로 통제하려는 독재자 로봇 비키를 제거하라는 뜻임을 확신하고, 비키의 명령대로 움직이던 NS-5 로봇들을 해방시킵니다. 그러고 나서는 끊어진 다리 뒤에 있는 언덕으로 올라가 로봇들을 인도하는 지도자가 됩니다.

1. 3D 업종

Dirty(더러운), Dangerous(위험한), Difficult(힘든)의 약자입니다. 공장 노동자, 광부, 환경미화원 등 작업환경이 지저분하거나 위험하거나 고된 직업을 일컫습니다. 한국에서는 1988년 서울올림픽 이후로 3D 업종 기피 현상이 나타났으며, 1990년대부터는 몽골·티베트·동남아시아 출신의 이주 노동자들이 그 공백을 메우고 있습니다.

2. 레인메이커rainmaker

아프리카 전설에 의하면, 가뭄과 전쟁으로 고통받는 사람들의 목소리가 하늘에 닿을 때 레인메이커가 나타납니다. 그가 하늘에 제사를 올려 비를 내리게 하면 갈등은 풀리고, 싸우던 사람들도 생업으로 돌아간다 합니다. 즉 지혜와 용기로 어려움을 풀어 내는 영웅적 존재인 것입니다. 레인메이커의 의미를 그려 낸 영화로는 남아프리카공화국의 인종차별 정책에 저항하고 원주민의 고통에 동참했던 백인을 그린 〈파워 오브 원〉(존 G. 아빌드슨, 1992)이 있습니다. 〈레인메이커〉(프랜시스 포드 코폴라, 1997) 역시 정의로운 변호사 루디를 통해 레인메이커의 현대적 의미를 환기하였습니다.

함께 나눌 이야기

1. 어째서 스푸너는 로봇 혐오주의자가 되었을까요?

길잡이 처음의 꿈 장면에 등장하듯이, 스푸너는 맹목적인 명령 체계대로 행동하는 로봇 때문에 교통사고에서 소녀를 구하지 못했다는 죄책감을 지니고 있습니다. 게다가 그 사고로 인해 자신 또한 스스로의 의사와 관계없이 신체 일부분이 사이보그화되었기에 로봇에 대한 혐오와 적대감이 더해진 것은 아닐까 합니다. 겉으로 보기에는 멀쩡하지만 왼팔과 손목, 왼쪽 폐가 기계로 이루어진 스푸너는 몸이 온전한 인간에 대해 열등감을 느끼지만, 몸 전체가 완벽한 사이보그인 로봇에 대해서도 또 다른 열등감을 느낄 수밖에 없겠지요.

2. 서니는 자신이 자주 꾸는 꿈 속의 인물, 거대한 다리를 배경으로 언덕 위에 서 있는 자가 스푸너일지도 모른다고 말합니다. 하지만 결국 그 인물은 스푸너가 아닌 서니였습니다. 감독은 왜 이런 설정을 했을까요?

길잡이 반전에 반전을 거듭하는 〈아이, 로봇〉은 마지막 장면에서도 할리우드 영화의 상투적 결말을 뒤집습니다. 영화 제목 또한

〈I Am Robot〉(나는 로봇이다)이 아니라 동사를 뺀 〈I, Robot〉(나, 로봇)이라고만 함으로써 로봇의 정의, 인간과의 관계에 대해 의문을 남기고 있습니다. 앞(230쪽)의 '상식 두 컷'에서 언급했던 영화 〈파워 오브 원〉에서 레인메이커가 남아공에서 인종차별로 고통받는 당사자 줄루족이 아닌 백인 청년으로 설정된 것은 전형적인 백인 우월주의를 보여 줍니다. 이에 비해 2004년에 제작된 〈아이, 로봇〉은 로봇에게 닥친 문제를 로봇이 주체적으로 고민하고 해결하는 쪽으로 결말을 지음으로써 레인메이커의 본래 의미에 보다 더 충실한 영화가 되었습니다.

3. 마지막 장면에서, 미시간 주의 끊어진 다리 아래 모인 로봇들은 과연 무슨 이야기를 나누었을까요?

아일랜드

원제 The Island

감독 마이클 베이(2005년, 미국)

등장인물 이완 맥그리거(링컨6-에코), 스칼릿 조핸슨(조던2-델타), 숀 빈(매릭 박사), 스티브 부세미(맥코드), 지몽 운스(로렌트 형사)

배경 2019년, 미국

상영 시간 136분(12세 관람가)

특별한 존재, 선택된 존재만이 갈 수 있는 낙원

미국에서의 흥행 참패와 달리, 한국에서 〈아일랜드〉는 큰 성공을 거두었습니다. 2005년 여름 전국을 떠들썩하게 만든 황우석 박사의 줄기세포 연구에 대한 관심이 관련된 내용의 영화로까지 이어졌던 것입니다.

〈아일랜드〉는 앞서 언급한 〈아이, 로봇〉과 달리 복제 인간(클론)의 꿈에서 시작됩니다. 자신이 클론이라는 것을 모르는 청년이, 에메랄드빛 바다 위 유선형 보트에 앉아 미소 짓는 여인의 손을 잡으려 합니다. 다음 순간, 그는 깊은 물속에 빠져 허우적댑니다. 익사하기 직전, 클론의 기억인 듯한 여러 장면들이 몽타주처럼 겹치며 "넌 특별히 선택된 존재다. 아일랜드가 너를 기다리고 있다."는 말이 메

아리처럼 울려 퍼집니다.

환경오염으로 생물체가 거의 사라진 2019년, 자신들이 지구 종말 이후의 생존자라 믿는 클론들은 '바이오테크 사'라는 폐쇄 공간에서 빈틈없이 통제를 받으며 살고 있습니다. 잠에서 깨어날 때마다 몸 상태가 점검되고, 그에 맞게 처방된 식사와 운동을 하며 교제까지 감시받습니다. 악몽에서 깨어난 링컨6-에코가 화장실을 다녀올 때도 그의 동선을 따라 '수면장애, 8시 정신 상담 요망', '소변에 나트륨 검출, 식이요법 권장'이라는 지시 사항이 벽에 찍힙니다.

'인식표'라 불리는 바코드 팔찌를 갖다 대자 사물함이 열리고, 가지런히 정돈된 옷과 신발이 보입니다. 운동화 한 짝이 없어진 것을 이상하게 여긴 링컨은 인터폰에 대고 "왼쪽 신발이 사라졌습니다. '다른' 색깔의 옷도 보내 주세요."라고 말합니다. 이 장면은 링컨이 여느 클론과는 '다른' 존재라는 것과, 앞으로 '달라질' 그의 운명을 예고합니다. 스케줄 표에 따라 링컨은 의사이자 관리자인 매릭에게 불려 가 정신 상담을 받습니다. 매릭의 요구에 따라 링컨은 꿈에서 보았던 보트를 그리고, 자신도 의미를 모르는 단어인 'Renovatio'('부활'이란 뜻의 라틴어)를 써 보입니다.

링컨이 매일 반복되는 생활에 대해 의구심과 강한 반감을 드러내자, 매릭 박사는 정밀 검사가 필요하다며 링컨을 검사실로 데려갑니다. 박사는 링컨을 시냅스 스캔용 의자에 앉히고 벌레 모양의 센서 칩을 눈에 집어넣습니다. 익스트림 클로즈업* 으로 겁에 질린 링

컨의 눈이 강조되는 이 장면은 첨단 의료 기술에 대해 속수무책인 피시술자의 공포, 그리고 클론을 대하는 관리자의 비인간적 태도를 섬뜩하게 드러냅니다.

작업실에 돌아온 링컨은 문득, 자신이 만드는 영양 공급 튜브가 어디로 연결되는 것인지 의문을 품습니다. 그때 함께 일하던 임산부 리마가 진통을 호소합니다. 리마는 즉각 아일랜드로 보내지고, 동료들은 그녀를 부러워합니다. 링컨은 컴퓨터 고장을 핑계로 제한구역에 들어갑니다. 제한구역 섹터 6에서 일하는 기술 감독 맥코드를 찾아간 링컨은 누가 자신들을 통제하는 것인지, 왜 제한구역에 사는 사람들은 다른 색 옷을 입는지에 대해 묻습니다. 맥코드는 링컨은 질문이 많아서 위험한 존재지만, 또한 그래서 특별한 존재라고 말한 뒤 다른 작업장으로 호출되어 나갑니다.

홀로 남은 링컨은 우연히 환기구로 들어온 나방을 잡습니다. 일과 후 휴식 시간에 링컨은 조던에게 멸망했다는 바깥 세계로부터 나방이 날아 들어왔다고 이야기하지만, 조던은 귀담아듣지 않습니다. 또 한 번의 악몽을 꾸고 난 후, 링컨은 나방이 들어왔던 섹터 6의 환기구 쪽으로 나가 보려 합니다. 그러다가 우연히 의료 센터로 들어가게 되고, 아일랜드로 보내졌다던 리마가 출산 직후 아기를 안아 보지도 못한 채 약물 투여로 살해되는 걸 목격하고 경악을 금치 못합니다. 게다가 또 한 명의 아일랜드행 당첨자였던 스파크 웩터는 복부가 절개된 채 짐승처럼 울부짖으며 탈출하려다 붙잡혀 다시 수술실로 끌려갑니다. 링컨은 놀라서 도망치지만, 이미 통제실 CCTV* 에 비친 그의 팔찌를 통해 정체가 파악된 이후입니다.

링컨은 아일랜드행에 당첨되었다고 기뻐하는 조던을 설득해 함께 탈출을 시도합니다. 도망치던 두 사람은 제한구역 섹터 5의 실험실에 들어서는데, 이곳에선 하나하나의 클론에게 각기 다른 기억이 모니터로 주입됩니다. 또한 "너는 선택되었다. 너는 특별한 목적을 지니고 있다. 너는 아일랜드로 가고 싶어 한다."는 말이 클론의 잠재의식에 주입됩니다. 링컨과 조던은 맥코드에게 얻은 성냥갑에 적힌 주소를 보고 맥코드를 찾아갑니다. 클론들에게 진작부터 연민을 느끼던 맥코드는, 자신의 신용카드를 건네주고 링컨을 주문한 사람의 이름과 주소를 알려 줍니다. 바이오테크 사의 경영자 매릭은 미국 최고의 보안회사인 '블랙호크 사'의 로렌트에게 분실된 제품 두 개를 찾아 달라고 의뢰합니다.

클론 링컨의 주문자이자 백만장자 보트 디자이너인 톰 링컨은 갑자기 나타난 자신의 복제품을 보고 놀라지만, 한편으로 미모의 조던에게 호기심을 느낍니다. 하지만 간이 좋지 않은 톰은 이식수술을 위해 자신의 클론이 필요합니다. 때문에 그는 바이오테크 사에 전화를 걸어 클론이 자신과 함께 있으니 수거해 가라고 요청합니다. 클론들의 존재를 알리도록 도와주겠다는 톰의 거짓말에 속아 그와 함께 방송국으로 향하던 링컨은, 요원들이 나타나 체포하려 하자 자신이 진짜 톰 링컨이라고 소리칩니다. 똑같은 모습의 두 사람 앞에서 혼란스러워하던 로렌트는, 링컨이 톰에게 끼워 놓은 바코드 팔찌를 보고서 톰을 사살합니다.

한편 매릭은 링컨의 시냅스 스캔 결과를 검토하여 세포에 기억된 뉴런이 자체 진화한다는 사실을 발견하고, 높은 지능을 갖게 될 위험이 있는 에코 계열 클론들을 없애 버리기로 결정합니다. 링컨은 동료들을 구하기 위해 위험을 무릅쓰고 톰으로 위장하여 연구소에 잠입하고, 조던 또한 맥코드의 신용카드로 아이들에게 아이스크림을 사 주다 위치가

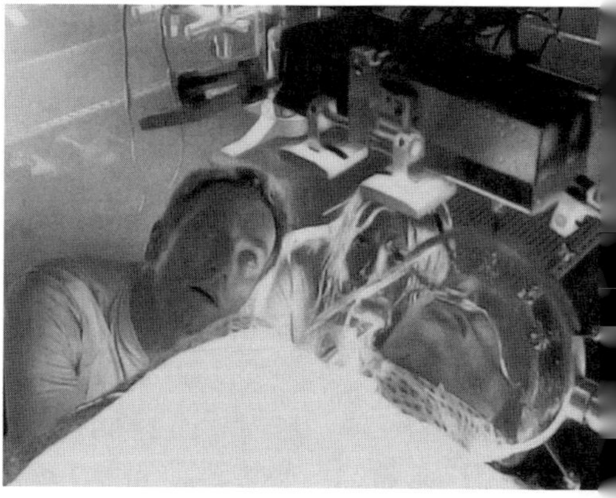

추적되어 연구소로 잡혀 옵니다. 조던은 장기 적출 수술을 당하기 직전에 도망치는데, 클론 사업의 비인간성에 환멸을 느끼고 클론에 연민을 품게 된 보안 요원 로렌트가 그녀를 돕습니다.

링컨은 클론 배양을 막기 위해 섹터 5로 들어가고, 조던은 폐기되기 직전인 에코 계열의 동료들을 구합니다. 홀로그램 통제실에 잠입한 링컨은 전원을 차단하여 벙커를 은폐한 홀로그램을 파괴하려 하지만, 매릭이 나타나 이를 저지합니다. 창조자 콤플렉스에 빠진 매릭은 "내가 널 만들었으니 없앨 권리도 내게 있다."고 소리치며 링컨을 죽이려 하지만 결국 실패합니다. 이 광경을 목격한 클론들은, 혼란을 틈타 연구소 밖으로 뛰쳐 나옵니다.

카메라는 지상으로 나온 클론들을 부감(俯瞰)으로 비추다 무심히 하늘 위로 멀어져 갑니다. 무고한 양 떼와도 같은 수많은 클론들의 앞날은 과연 누가 책임져야 하는 것일까요?

1. 익스트림 클로즈업 extreme close-up

클로즈업에서 더 나아가 피사체의 일부분(눈, 입 등)만을 부각시키는 촬영 기법을 뜻합니다. 〈시민 케인〉(오슨 웰스, 1941)의 첫 장면에서 죽기 직전 '로즈 버드'라 중얼대는 케인의 입술, 〈사이코〉(앨프리드 히치콕, 1960)에서 살해된 여주인공의 열린 동공, 〈여고괴담, 두 번째 이야기〉(김태용·민규동, 1999)에서 자신을 따돌린 아이들을 응시하는 주인공의 눈은 익스트림 클로즈업으로 그로테스크함을 부각했습니다.

2. CCTV closed circuit television

특정 수신자에게만 화상을 전송하는 TV 시스템으로 '폐쇄 회로 텔레비전'이라고도 합니다. 은행 자동인출기, 편의점 등에서 볼 수 있는 CCTV는 흔히 감시와 통제를 연상케 합니다. 〈아일랜드〉에는 연구소 전체가 중앙 관제실 CCTV에 포착되는 장면이 자주 등장하는데, 이는 클론이 노예처럼 철두철미하게 통제되고 있다는 사실을 한눈에 보여 줍니다. 이미 〈모던 타임즈〉(찰리 채플린, 1936)에서 작업장과 화장실까지 CCTV를 설치하여 노동자들을 통제하는 모습이 묘사된 바 있습니다.

함께 나눌 이야기

1. 영화의 제목이기도 한 '아일랜드'가 무엇을 의미하는지, 그리고 그것이 복제 인간의 꿈이 된 이유는 무엇일지 생각해 보세요.

2. 링컨은 왜 '다른' 것을 원하는 걸까요?

길잡이 톰 링컨의 직업이 보트 디자이너라는 점을 상기할 필요가 있습니다. 호기심, 독특함, 창의력은 디자이너의 생명력입니다. 톰 링컨은 평소에 일기를 쓰고 지도를 많이 갖고 있다는 대사가 나오는데, 이는 자의식이 높고 여행에 대한 호기심이 많은 사람임을 말해 줍니다. 클론 링컨에게서 나타나는 호기심과 자의식은 톰의 신체뿐만이 아니라 유전자에 담겨진 정신까지도 어느 정도 복제되었기 때문이라 추측할 수 있습니다. 게다가 톰에게는 없는 동료에 대한 의리라든지, 위험을 무릅쓰고 다른 이를 구하려는 용기를 보면 클론 링컨은 톰의 100퍼센트 복제가 아니라 오히려 인간적으로 더 진화된 것처럼 느껴집니다. 인간들에게는 신경계 뉴런에 이상이 있는 '부적합한 제품'으로 평가되지만 말입니다.

3. 환풍기를 통해 들어온 나방은 이 영화에서 무엇을 상징하는 것일까요?

길잡이 보안을 생명으로 하는 바이오테크 사의 정교한 시스템에 들어온 나방은 벌레, 즉 버그(bug)로 일컬어집니다. 이 나방은 바깥 세계에도 생명체가 존재함을 유추하는 실마리이자 링컨이 '의심'을 품은 계기가 되었습니다. '버그'라는 말에는 컴퓨터 용어로 '오류의 원인'이라는 뜻이 있는데, 이 때문에 바이오테크 사의 시스템을 전복시키는 상징물로 나방을 사용한 것으로 보입니다.

4. 링컨과 조던의 탈출에 결정적 역할을 한 사람은 GIG 소속 비밀 요원인 흑인 로렌트입니다. 로렌트의 손에 찍힌 낙인, 그리고 클론의 바코드 팔찌가 어떤 의미를 갖는다고 생각하나요?

길잡이 현재는 블랙호크 사의 경호 대장이지만, 로렌트는 식민지 시절 조상 대대로 노예 취급을 받아 왔던 흑인입니다. 이 사실은 매릭과의 대화 장면에서 단적으로 드러납니다. 로렌트는 어린 시절 아버지가 혁명에 참가했다 실패하자 평생 치욕을 느끼라고 아들인 자신의 손에까지 낙인을 찍었다며, 매릭에게 손바닥을 보여 줍니다. 또한 조던을 잡아가던 로렌트가 그녀의 손목에 채워진 바코드 팔찌에 눈길을 주는 장면도 의미심장합니다. 클론의 바코드 팔찌도 그의 낙인처럼 일종의 족쇄임을 인식하여 동병상련을 느낀 것이 아닐까요? 로렌트 형사 역을 맡은 개성파 배우 지몽 운스는 로마 시대의 검투사 노예 이야기 〈글래디에이터〉(리들리 스콧, 2000)에서 흑인 노예 쥬바 역을, 노예선의 선상 반란을 다룬 〈아미스타드〉(스티븐 스필버그, 1997)에서는 반란의 주동자 신케이 역을 맡아 반항적인 연기를 보여 주었습니다.

투모로우

원제 The Day After Tomorrow
감독 롤란트 에머리히(2004년, 미국)
등장인물 데니스 퀘이드(잭 홀 박사), 제이크 질런홀(샘 홀), 에이미 로섬(로라)
배경 21세기, 미국
상영 시간 124분(12세 관람가)

인간이 초래한 환경 재난,
'내일'이 오기 전에 막을 수 있을까?

〈투모로우〉는 미국 국방성 펜타곤의 비밀문서를 토대로 시나리오를 쓴 영화라 해서 개봉 당시 화제를 모은 바 있습니다. 이 영화를 만든 롤란트 에머리히 감독은 〈패트리어트〉(2000), 〈고질라〉(1998), 〈인디펜던스 데이〉(1996), 〈스타게이트〉(1994) 같은 전형적인 할리우드 블록버스터로 유명합니다. 〈투모로우〉는 환경 문제의 심각성이 '내일(Tomorrow)'의 일이 아님을 실감하게 하는 생생하고 긴장감 넘치는 재난 영화입니다.

영화의 첫 장면부터 남극 해면에 조각난 빙하가 꼬리에 꼬리를 물고 둥둥 떠다니는 모습이 클로즈업되는데, 이는 앞으로 이어질 불

길한 상황들을 예고합니다. 주인공 잭 홀 박사는 고대 기후 전문가로, 남극에서 빙하를 탐사하던 중 갑자기 팀원의 발 아래로 빙하가 쩍쩍 갈라지며 벌어진 사고를 목격합니다. 빙하의 예기치 못한 붕괴를 통해 기후 이변의 조짐을 감지한 박사는, 지구온난화 유엔 대책회의에 참가하여 환경에 대한 우려를 표명합니다.

잭 홀 박사는 "지구 북반부의 기후는 난류가 결정한다. 온난화 방지에 대한 조치를 서두르지 않으면 곧 후손이 대가를 치르게 된다."는 연설을 합니다. 급격한 지구온난화로 인해 극지방의 빙하가 녹고 바닷물이 차가워지면 난류의 방향이 바뀌어 미국이 빙하로 뒤덮이리라는 그의 주장은, 미국 부통령의 경제 논리에 부딪혀 묵살됩니다. '환경보다 더 큰 위기 상황은 경제'라는 부통령의 단호한 주장은, 현재 교토 의정서* 로 압축되는 환경 책임 부담금 지불에 대한 미국의 입장을 대변해 주는 듯합니다.

한편 잭 홀 박사의 외아들 샘 홀은 여자친구 로라와 함께 전국 퀴즈 대회에 참가하기 위해 뉴욕행 비행기에 오릅니다. 이때 비행기가 갑자기 난기류에 휩싸여 흔들리는 불길한 조짐을 보입니다. 뉴델리에서 눈이 내리고, 도쿄에서는 골프공만 한 우박이 내려 도시가 혼란에 빠지고, 스코틀랜드에서는 연료가 얼어붙어 군용 헬기가 추락하는 등 아시아와 유럽의 곳곳에서 이상 기후가 나타납니다. 미국도 예외는 아니어서, 하와이에서 시작된 허리케인이 LA에서는 토네이도*로 바뀌어 고층 건물은 물론 할리우드 사인의 글자들도 산산조각 날려 버립니다.

샘과 로라는 가까스로 공항에 도착하고 퀴즈 대회에도 참가하지만, 사흘 동안 계속된 폭우로 뉴욕 시가 물에 잠기자 친구들과 함께 맨해튼에 위치한 국립도서관으로 대피합니다. 잭 홀 박사는 나사(NASA)의 기상 요원과 함께 갑작스런 이상 기후를 분석하던 중 북반구 해양의 온도가 13도나 떨어졌다는 스코틀랜드 기상관측대의 보고를 받고 "우리 세대에 벌써 이런 재앙이 닥칠 줄은 몰랐다!"며 당황해합니다. 자신이 우려했던 일이 이미 진행되고 있음을 감지한 박사는, 국립도서관에 피신해 있는 샘을 구하기 위해 뉴욕으로 갈 결심을 합니다.

뉴욕으로 떠날 채비를 하던 잭 홀 박사는, 백악관으로부터 급한 연락을 받고 대통령 앞에 나가 브리핑을 합니다. 그는 폭풍의 원인은 기후 불균형으로 이제 칠 일 후면 북반구 전체가 빙하로 뒤덮일 것이라는 예측을 내놓으며, 미국 지도에 가로로 선을 긋고서 북부에 있는 사람들은 이미 늦었으니 포기하고 중부 이남에 사는 사람들만이라도 멕시코 국경 너머로 피신시켜야 한다는 충격적인 발언을 합니다. 박사의 말에 따라 사람들은 모두 남쪽으로 이동하지만, 박사 자신은 죽음을 무릅쓰고 아들이 있는 북쪽의 뉴욕으로 향합니다. 기온이 급강하하고 눈사태로 차를 움직이지 못하게 되자 박사는 눈보라를 헤치며 걸어갑니다.

혼란에 빠진 뉴욕 시민들은 앞다투어 건물 밖으로 뛰쳐나가지만, 샘은 아버지의 충고대로 책을 벽난로에 던져 넣고 불을 지펴 체온을 유지합니다. 인류의 정신적 유산이라 여겨지던 책이 인류의 멸종 위기 앞에서 생존의 불씨를 유지하는 연료가 된다는 점, 그리고 책의 원료인 종이를 만들기 위해 환경을 파괴한 인간이 환경의 역습을 받고 자신의 생산품인 종이를 불살라서 살아남는다는 설정이 의미심장합니다. 한편 로라는 고열에 시달리고, 함께 있던 사서는 의학사전을 검토하여 패혈증이라 진단합니다. 샘은 항구에서 떠밀려 온 대형 선박에 위험을 무릅쓰고 들어가서 페니실린과 먹을 것을 구해 와 위기를 모면합니다.

마침내 샘과 친구들, 그리고 또 다른 생존자를 발견한 잭 홀 박사는 정부에 헬기를 요청하여 이들을 구조합니다. 예고되었던 재앙에 큰 타격을 입은 후에야 정신을 차린 대통령은 기자회견에서 자연을 함부로 훼손해 왔던 자신들의 오만함을 반성합니다. 또한 미국 난민을 받아 준 멕시코에 감사한다는 말을 덧붙이며 회견을 마칩니다. 서서히 마천루에 얼음이 걷히고 자유의 여신상도 반쯤 모습을

드러낼 즈음, 우주 정거장에 있던 관측 요원의 목소리가 들립니다. "저렇게 깨끗한 지구는 처음 본다!"라고 말하는 관측 요원의 시선을 따라 초록별 지구가 클로즈업되며 〈투모로우〉는 끝을 맺습니다.

〈투모로우〉는 인간이 자연에게서 돌려받게 될 생태적 재앙을 충격적으로 표현한 의미 있는 블록버스터 영화입니다. 이미 우리가 실제 뉴스로 접한 토네이도, 쓰나미 외에도 언제 들이닥칠지 모를 빙하기를 생생하게 보여 줌으로써 지구온난화가 불러올 끔찍한 재난을 환기시키는 것입니다. 특히 빙하기를 맞는 지역을 북반구로 한정시킨 설정은, 온실가스 배출의 주범인 북반구가 개발을 통해 경제적 이익을 얻은 만큼 재앙을 떠안게 된다는 인과응보를 보는 것 같아 인상적입니다.

1. 교토 의정서

유엔은 1992년 브라질 리우데자네이루에서 기후변화협약을 채택했습니다. 그러나 협약 내용이 잘 실행되지 않자, 1997년 일본 교토에서 다시 선진 38개국이 2012년까지 온실가스 배출량을 1990년보다 5.2퍼센트 줄인다는 내용의 의정서를 채택했습니다. 그러나 미국은 이산화탄소 배출량 세계 1위이면서도 자국의 산업 보호를 위해 탈퇴했고, 때문에 교토 의정서는 2005년에야 발효되었습니다. 한국은 개도국으로 분류돼 감축 의무는 면제되었으나, 선진국들의 압력으로 자발적 감축을 요구받고 있습니다.

2. 토네이도tornado

거대한 적란운이 깔때기처럼 드리워지며 나타나는 대기의 소용돌이 현상을 말합니다. 태풍의 풍속이 시속 40킬로미터, 허리케인이 시속 60킬로미터 정도인 반면 토네이도의 풍속은 시속 수백 킬로미터에 이릅니다. 미국과 호주에 주로 나타나며 현재 한국에서는 거의 볼 수 없지만, 『삼국사기』의 '용오름'에 대한 기록은 토네이도를 말한 것으로 추정됩니다. 토네이도를 다룬 영화로는 〈트위스터〉(얀 드 봉, 1996), 〈토네이도〉(안드레아스 린케, 2006)가 있습니다.

함께 나눌 이야기

1. 지구온난화를 일으키는 원인은 구체적으로 무엇이며, 이로 인한 최악의 사태를 막기 위해 선결되어야 할 과제는 무엇일지 생각해 보세요.

길잡이 지구온난화의 실질적 원인은 이산화탄소, 메탄, 프레온가스와 같은 온실가스의 증가입니다. 역사적으로 산업혁명 이후 화석연료 사용 급증 때문에 이산화탄소가 증가했다는 것도 잘 알려진 사실입니다. 온실가스는 지금 이 순간에도 시시각각 늘어나 대기를 잠식하고 있습니다. 따라서 '나 하나쯤이야'보다는 '나부터 먼저'라는 발상의 전환과 실천이 절실하게 요구됩니다. '생각은 지구적으로, 행동은 지역적으로!'라는 말은 식상할지 모르지만, 개인의 입장에서 이보다 더 빠르게 환경문제에 기여하는 방법은 없을 것입니다.

2. 〈투모로우〉에서도 언급되는 교토 의정서의 협약 내용을 구체적으로 알아보고, 과연 교토 의정서가 생태적 재앙이 가속화되고 있는 지구를 구해 낼 수 있을지 논해 보세요.

길잡이 교토 의정서는 온실가스 감축을 골자로 하는 환경·경제 협약으로, 환경문제에 시장 개념을 도입한 점이 눈에 띕니다. 누가 얼마만큼 어떻게 온실가스를 줄일지 구체적으로 목표치를 규정한 것이 큰 특징입니다. 하지만 문제점도 있는데, 세부 조항에서 목표치보다 더 많이 온실가스를 줄인 나라들이 목표를 못 채운 나라들에게 여분의 온실가스 배출 권리를 상품처럼 팔 수 있는 '국제 배출 거래권'이 지적되고 있습니다. 또한 선진국이 온실가스를 감축하는 대신 감축 의무가 없는 후진국에 공장을 세우고 온실가스를 배출한다면 지구 전체의 이산화탄소 배출량에는 변화가 없다는 맹점도 지적됩니다.

그보다 더욱 큰 문제는 선진국이 자국의 이익을 위해 국제 협약을 파기할 수 있다는 점인데, 미국은 전 세계 이산화탄소 배출량의 30퍼센트 이상을 차지하면서도 자국의 산업 보호를 내세워 2001년에 교토 의정서를 탈퇴한 바 있습니다. 이처럼 다들 지구온난화의 심각성에는 동의하지만, 구체적인 해결 방법을 정하는 데는 국가 이기주의가 개입하여 난항을 겪고 있습니다. 미국 부통령이었다가 환경운동가로 변신한 앨 고어는 『불편한 진실』이라는 책에서 "인간 활동이 온난화의 근본 원인이며, 빨리 수습하지 않으면 매우 위험하지만 아직은 바로잡을 시간이 있다."고 지적했습니다. 앨 고어는 이 책과 관련하여 대중 강연을 벌이고 다큐멘터리도 제작에도 참여하여, 지구온난화는 이념과 국가를 초월해 전 세계가 공동 대응해야 할 도덕적 문제임을 환기시켰습니다.

갓센드

원제 Godsend

감독 닉 햄(2004년, 미국·캐나다)

등장인물 캐머런 브라이트(아담), 로버트 드 니로(리처드 웰스 박사), 그렉 키니어(폴 던컨), 레베카 로민(제시 던컨)

배경 21세기, 미국

상영 시간 102분(15세 관람가)

생명공학의 발전, 과연 누구를 위한 것인가?

1997년에는 복제 양 돌리의 탄생 발표에 이어 복제 소 영롱이, 복제 개 스너피, 심지어 인간 배아 복제까지 수면에 떠올랐습니다. 이런 사회상을 반영하듯 2000년대 초에는 인간 복제를 다룬 영화들이 많이 나왔습니다. 그중 〈갓센드〉는 복제 후 생겨날 개인의 정체성 혼란과 과학자의 윤리 문제를 되짚어 볼 수 있는 영화로, 영화 제목은 등장인물 중 생명공학자이자 의사인 리처드 박사가 운영하는 연구소 이름이기도 합니다.

〈프랑켄슈타인〉(케네스 브래너, 1994)에서 과학이 탄생시킨 괴물로 열연했던 배우 로버트 드 니로가 〈갓센드〉에서는 21세기의 프랑켄슈타인*이라 할 수 있는 생명공학자로 등장해 이목을 끌었습니다.

여덟 번째 생일을 맞은 아담은 부모님과 함께 운동화를 사러 외출했다가 교통사고를 당해 죽습니다. 이 광경을 목격한 부모는 넋이 나가고 맙니다. 아담의 장례식에 나타난 리처드 박사는, 자신이 완성한 인간 복제 기술로 그들을 도울 수 있다고 말합니다.

박사는 자신이 개발한 기술은 전기 분열로 세포를 초기 상태로 돌린 다음 복제하는 것으로, 체세포 복제는 사망 후 칠십이 시간 내 진행해야 가능하다며 부모의 결정을 재촉합니다. 생물학 교사인 아빠 폴은 다시 아이를 갖자고 아내 제시를 설득하지만, 제시는 다른 아이는 싫다며 오직 아담이어야 한다고 소리칩니다. 폴은 리처드 박사가 생명공학의 천재이며 연구 성과를 대기업에 팔아넘길 정도로 실력 있는 전문가라는 정보를 입수하고, 실험에 동참하기로 결심합니다.

"복제 기술의 핵심은 분화된 세포에 자극을 가해 분화 전 상태로 되돌리는 것으로 뺨 세포핵을 적출된 난자에 주입, 난자 세포가 제공된 핵을 자신의 것으로 받아들이면 자연이 나머지 과정을 밟도록 놔둔다."는 설명이 리처드 박사의 보이스 오버 내레이션*으로 흐르며 새로운 아담이 탄생합니다.

복제된 아담은 리처드 박사의 관찰 아래 급속도로 성장하여 여덟 살이 됩니다. 복제된 아담의 여덟 번째 생일은 바로 원래의 아담이 사망한 날로, 이후부터 복제된 아담은 이전과 다른 행동을 보이며 던컨 부부를 당황케 합니다. 부부는 리처드 박사에게 예전의 아담

이 아닌 것 같다고 호소하지만, 박사는 여덟 살이 넘으면 기존에 주어진 유전자 지도는 없는 셈이니 예측불허의 상황이 올 수 있다고 말합니다.

아담은 한밤중에 무서운 악몽을 꾸고 비명을 지르며, 부모에게 자신이 죽은 적이 있었느냐는 질문을 던지기도 합니다. 게다가 누군가가 계속 자신을 괴롭힌다며 점점 혼란에 빠져 갑니다. 던컨 부부는 불안에 떨며 아담을 괴롭히는 기억 속의 존재가 누구인지 알아내기 위해 박사를 추궁해 보지만, 박사는 일시적인 현상이며 성장기에 흔히 있는 수면장애라고 일축합니다. 그러나 아담은 다른 개체의 기억으로부터 오는 악몽에 시달리며 점점 더 심한 불안과 혼란을 겪습니다.

전혀 다른 인격체가 불거져 나오면서 아담은 극도로 난폭해져 갑니다. 학교 미술 시간에는 불타는 학교 건물을 그린 다음 아담이 아닌 '재커리'라고 서명하며, 숲 속 헛간에서는 허공을 응시하다 갑자기 가위에 짓눌린 표정을 짓습니다. 평소 온순하고 내성적이던 성격과 달리, 자신을 따돌리는 아이들을 노려보거나 이를 제지하는 선생님에게 침을 뱉기도 합니다. 날이 갈수록 기괴한 행동을 하던 아

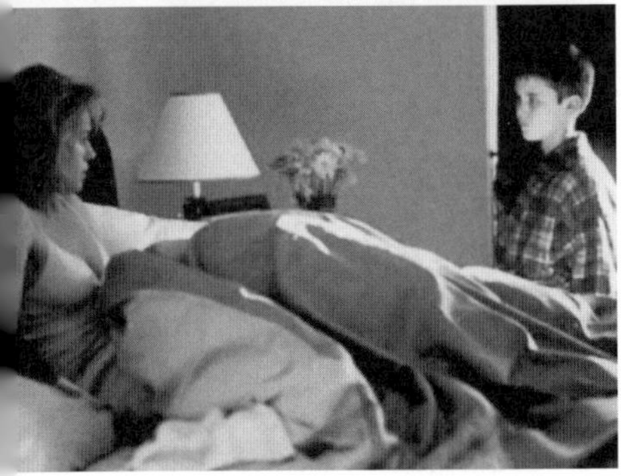

담은, 급기야 자신을 왕따시키던 로이라는 아이를 죽입니다.

부모는 가까이에서 아담을 지켜보며 불안과 공포를 느끼지만, 리처드 박사는 태연을 가장하고 계속 무언가를 숨기려고만 합니다. 폴은 아담이 재커리라고 서명한 그림을 단서로 수소문을 해 본 끝에 놀라운 사실을 발견하고 경악을 금치 못합니다. 복제된 아담의 몸은 자신의 죽은 아들 아담이 맞지만, 정신은 리처드 박사의 죽은 아들 재커리였던 것입니다.

폴은 리처드 박사를 찾아가 복제의 비도덕성을 비난하며, 아담과 재커리 두 인격체의 결합에 대해 해명하지 않는다면 법으로 금지된 인간 복제를 시행했다고 폭로할 것이라 말합니다. 하지만 리처드 박사는 폴에게 "이 일은 우리가 함께 한 일이며, 복제에 동의한 당신 또한 자유로울 수 없다."고 대꾸합니다. 로이의 장례식 날에 폴은 또 다시 리처드 박사를 공격하지만, 박사는 자신이 이룩한 일은 이 세상 그 누구도 해낼 수 없는 '의학의 쾌거'라고 반박합니다.

리처드 박사는 "복제는 단지 실험일 뿐, 실험이 실패했다면 종결

(폐기)시킨 후 재시도할 수 있다."고 아무렇지 않게 덧붙이는데, 이는 관객들이 생명 윤리를 되짚어 보도록 하는 의미심장한 대사입니다. 폴이 더 이상 아담 근처에 얼씬거리지 말라고 소리치자, 리처드 박사는 폴에게 "내가 너에게 아이와 정착할 집, 일자리 등 인생의 소중한 것들을 다 제공했노라."고 외칩니다. 마치 자신이 신이라도 된 듯 말입니다.

아담의 신변에 위협을 느낀 폴은 서둘러 다른 마을로 이사합니다. "이곳은 모든 걸 새로 시작할 수 있는 좋은 장소야."라며 소망을 말하지만 아담의 표정은 섬뜩할 만큼 무덤덤합니다. 영화의 마지막 부분에 리처드 박사가 실종되었다는 신문 기사가 스치듯 지나가지만, 박사가 어딘가에 살아 있는 한 인간 복제 실험이 거듭 시도될 것은 자명합니다.

'육 개월 후'라는 자막이 떠오른 뒤, 리처드 박사가 신문을 뒤적이다 자신의 실종 기사 곁에 교통사고 기사가 실린 것을 보며 미소를 짓습니다. 이 회심의 미소는 은밀히 또 다른 피실험자를 물색하겠다는 암시가 아닐까요? 이런 장면으로 영화를 맺은 감독의 의도는 무엇일까요?

1. 프랑켄슈타인Frankenstein

흔히 소설 속 괴물의 이름으로 알려져 있지만, 사실은 그 괴물을 만든 과학자의 이름입니다. 원작인 『프랑켄슈타인 : 현대의 프로메테우스』(1818)는 영국 작가 메리 울스턴크래프트 셸리가 쓴 소설로, 여러 번 영화화되었습니다. 보리스 카를로프가 열연한 〈프랑켄슈타인〉(제임스 웨일, 1931)이 원작에 충실한 영화로 정평이 나 있습니다. 또한 〈프랑켄슈타인〉(케네스 브래너, 1994)에서 과학에의 열정으로 가득한 프랑켄슈타인 박사는 자신의 연구가 성공하면 탄생과 죽음의 경계가 사라지고 인류는 영원한 생명을 얻을 것이라 자화자찬합니다. 이런 박사의 모습은 〈갓센드〉의 리처드 박사를 연상시키고, 2004년 언론을 뜨겁게 달구었던 황우석 박사도 떠올리게 합니다.

2. 보이스 오버 내레이션voice-over narration

영화에서 내레이션이란, 대사 외에 직접적으로 내용을 설명하는 음성을 뜻합니다. 내레이션을 하는 사람은 등장인물일 수도 있고 제삼자의 목소리일 수도 있는데, 이 보이지 않는 목소리를 '보이스 오버'라 합니다. 〈친절한 금자씨〉(박찬욱, 2005)에 등장하는 성우 김세원 씨의 목소리가 그 예이며, 다큐멘터리에 등장하는 내레이션도 일종의 보이스 오버라 볼 수 있습니다.

함께 나눌 이야기

1. 왜 영화 제목을 〈갓센드〉라고 지었을까요?

2. 다른 과학 분야와는 달리 왜 생물학(생명공학)에는 윤리 개념이 존재할까요?

길잡이 흔히 과학을 양날의 칼에 비유하지만, 생명공학만큼은 아직도 밝은 면보다는 어두운 면이 많은 게 사실입니다. 다른 분야와 달리 생물 실험은 생명 윤리 문제가 개입된다는 점에서 차원이 달라집니다. 또한 물리학의 핵실험이 결과적으로 해를 끼칠 소지가 있다면, 생명공학의 복제 실험은 과정에서부터 인간에게 해를 입힐 가능성이 있습니다. 생명체를 대상으로 하는 실험, 특히 2006년 국내에서 큰 문제가 되었던 여성들의 난자 적출과 이로 인한 후유증은 성과 여부를 떠나 연구에 임하는 과학자의 윤리 의식을 돌아보게 합니다. 생명공학은 과연 누구를 위한, 무엇을 위한 학문일까요?

3. 21세기를 배경으로 한 SF영화 중에서, 생명공학의 발전과 이에 따른 사회 변화 및 갈등을 다룬 작품을 찾아내어 논의해 보세요.

길잡이 생명공학을 소재로 한 영화들은 토론 주제로도 적합합니다. 유전공학의 발전에 따른 복제 인간의 정체성과 과학자의 윤리를 환기해 볼 만한 영화로는 〈블레이드 러너〉(리들리 스콧, 1982), 〈6번째 날〉(로저 스포티스우드, 2000), 〈아일랜드〉(마이클 베이, 2005), 〈블루 프린트〉(롤프 슈벨, 2007), 〈움〉(베네데크 플리고트, 2012) 등이 있습니다. 고전이라 할 수 있는 〈블레이드 러너〉에서는 인간보다 더 인간적인 네 명의 복제 인간이 등장해 신-인간-복제 인간의 관계를 돌아보게 했고, 〈아일랜드〉는 생명의 상품화 문제를 환기시켰습니다. 〈블루 프린트〉는 한 피아니스트가 난치성 질환에 걸리자 자신의 유전자를 복제하여 딸을 만들고 피아니스트로 키운다는 이야기입니다. 청소년기에 이르러 자신이 엄마의 복제라는 사실이 공식적으로 밝혀지자 딸은 자신의 정체성에 혼란을 느끼고 엄마를 저주하게 되지요. 과학이 사회적 윤리를 먼저 고려해야 하는지 개인의 입장을 우선시해야 하는지를 고민하게 만드는 내용입니다.

4. 과학기술은 과학자의 손을 넘어 사회로 들어오는 순간 본연의 진실을 잃고 악마적 얼굴을 드러내는 경우가 종종 있습니다. 인종차별주의, 제국주의의 근거가 된 다윈의 진화론과 골턴의 우생학이 대표적 예입니다. 이 외에도 역사상 사회적 파문을 일으켰던 과학기술들을 찾아보세요.

내츄럴 시티

감독 민병천(2003년, 한국)

등장인물 유지태(R), 서린(리아), 이재은(시온), 윤찬(노마), 고주희(아미), 정두홍(사이퍼 N-77), 정은표(지로 박사), 신구(경무관)

배경 2080년, 한국

상영 시간 114분(15세 관람가)

사이보그와 인간의 사랑을 다룬 한국형 SF

〈내츄럴 시티〉는 2080년 서울을 배경으로 한 SF영화입니다. 민병천 감독은 1998년 〈유령〉이라는 영화를 만든 바 있으며, 2006년 방영된 TV드라마 〈궁〉의 세트 디자이너를 맡기도 했습니다. 〈내츄럴 시티〉에 대해 감독은 "이 영화는 SF의 고전이라 할 수 있는 〈블레이드 러너〉(리들리 스콧, 1982)를 오마주*했지만, 할리우드 SF물에서는 볼 수 없는 일상적 사랑 이야기를 담고 있다. 할리우드에서 〈내츄럴 시티〉를 본다면 참 희한한 영화라는 생각을 할 것이다."라며 자신감을 드러냈습니다.

저 멀리 보이는 고풍스런 성을 배경으로, 바닷가 벤치에 두 남녀

가 앉아 있습니다. 평화로운 시간도 잠시, 복귀하라는 호출 신호에 인간인 R은 무시하려 하지만, 복종이 몸에 밴 사이보그 리아는 빨리 일어나자고 합니다. 시뮬레이션이 종료된다는 방송에 이어 방탄막처럼 둘러쳐져 있던 360도 홀로그램 배경은 사라지고, 두 남녀는 아쉬운 표정으로 벤치에서 일어납니다.

이어지는 장면에선, '폐건물'이라 지칭되는 도시의 빈민가에서 아버지의 시신을 묻는 시온의 모습이 등장합니다. 아버지의 유품 중에 여자 사이보그의 두뇌 칩이 있는 것을 발견한 시온은 인간이 어떻게 사이보그와 사랑을 나눌 수 있느냐며 투덜댑니다. 사람들의 점괘를 봐 주며 어렵게 살아가는 처지지만, 시온은 틈만 나면 폐건물 옥상에 올라가 꽃을 가꾸고 있습니다.

한편 광화문 네거리의 최첨단 빌딩에서는 사이보그를 관리하는 MP 요원들이 분주히 움직입니다. 전투용 사이보그인 사이퍼 네 명이 인간의 DNA가 보관된 사이보그 제조 회사 뉴컴 사에 침입했다는 소식을 듣고 '불량' 사이보그들을 제거하기 위해 뉴컴 사로 집

결한 요원들입니다. 리더 노마는 요원들에게 사이보그의 약점은 A.I.칩이 내장된 두뇌 부분이라며 사이퍼들을 발견하는 즉시 머리를 쏘라고 명령하지만, R은 주춤합니다. R은 사이보그의 A.I.칩을 가능한 한 살아 있는 상태로 채취해야 하기 때문입니다.

뉴컴 사 중앙 관제실에서, 연구 책임자는 생포된 사이퍼 N-77이 생체반응이 없고 연구 가치도 없어 폐기 처분하겠다고 보고합니다. 사이보그에게는 생체 수명, 즉 제조될 때부터 정해지는 유통기한이 있습니다. R이 사랑하는 사이보그 리아의 유통기한은 이제 삼 일밖에 남지 않은 상태로, A.I.칩이 마모되어 손발이 떨리고 무대에서 춤도 출 수 없는 지경에 이르자 R이 직접 돌보기 위해 집으로 데려온 것입니다. R은 뉴컴 사의 과학자였던 지로 박사로부터 리아와 동일한 DNA를 가진 인간의 영혼을 더빙하면 리아의 기억이 소멸되지 않는다는 전화를 받고 고민에 빠집니다.

R은 지로 박사가 전달한 사진을 보고 문제의 인간이 얼마 전 거리에서 마주친 시온임을 알아보자 잠시 머뭇거리지만, 결국 시온을 집으로 유인하여 지로 박사에게 넘깁니다. 노마는 후배 요원이자 컴퓨터 전문가인 아미로부터 사이퍼 N-77이 인간의 DNA를 조사하여 어디론가 전송했다는 사실을 듣고 깜짝 놀랍니다. 그리고 예전부터 R의 행동을 수상하게 생각해 왔던 노마는 R의 위치를 추적한 끝에 마침내 지로 박사의 연구실을 덮치고, 두 사람을 현장에서 연행합니다.

한편 폐수처리장에서는 R이 친구에게 밀매한 사이퍼 N-77이 부활합니다. 사이퍼 N-77도 생체 수명을 연장하기 위해 자신의 A.I.칩 정보와 DNA가 일치하는 사람을 직접 찾아 나섰던 것입니다. 더욱 놀라운 사실은, 사이퍼 N-77이 지로 박사의 영혼을 더빙했다는 아미의 컴퓨터 분석 결과입니다. 사이퍼 N-77은 시온을 납치하고, 뉴컴 사를 장악하여 동료 사이보그들의 수명을 연장하려 합니다.

리아를 데리고 무요가 역으로 향하던 R은, 시온이 인질로 잡혀 있다는 방송을 듣고 리아를 바닷가 홀로그램 안에 남겨 둔 채 뉴컴 사로 향합니다. 사이퍼 N-77은 뉴컴 사의 주조정실을 장악하고, 동료 사이보그들에게 MP 요원들의 데이터를 입력시켜 전투용 사이보그들을 기하급수적으로 증가시킵니다. 사이보그의 공격으로 인해 수많은 요원들이 죽자 뉴컴 사는 하는 수 없이 자폭 시스템을 가동합니다. 하지만 노마는 주조정실에 있는 시온을 구해 내야 한다면서 부상당한 몸으로 뉴컴 사에 남습니다.

뒤늦게 달려온 R은 노마와 힘을 합쳐 사이퍼 N-77을 상대로 사투를 벌이고, 마지막 순간 폭탄을 써서 사이퍼 N-77을 제거합니다. 죽음을 맞이하는 순간에야 노마와 R은 화해합니다. R은 죽어 가는 노마에게 미안하다는 말을 하고, 가까스로 살아남은 시온에게는 리아를 잘 부탁한다며 밖으로 내보냅니다. 그리고 R 자신은 뉴컴 사에 남아 최후를 맞습니다.

R을 기다리던 리아는, 자신의 생명이 다해 가는 것을 느끼고 A.I.칩을 스스로 제거합니다. 리아의 기억 데이터는 순식간에 깨져 버리지만, 그녀가 애지중지하던 사이버 화분 아도니스*에서는 노란

꽃이 활짝 피어납니다. 시온은 예전엔 "사이보그인 네가 살아 있는 게 뭔지나 알아?" 하며 리아를 무시했지만, 이제는 "함께 있어 주고 함께 죽어 주는 사람이 있어서 넌 참 좋겠다."며 리아의 어깨에 자신의 머리를 기댑니다.

시온은 아버지를 묻었던 폐건물 옥상 화단에 R과 리아의 흔적들을 묻으며, 그 작은 무덤 위에 꽃 한 송이를 올려 놓습니다. '내츄럴 시티'의 전경이 마치 시온의 화단인 양 부감 숏으로 비추어지고, 도심에서 외롭게 죽은 사람들의 영혼을 꽃씨에 실어 천국으로 인도한다는 여신의 이야기가 시온의 목소리로 읊어집니다. 이때 무요가로 향하는 비행선이 여신상 위를 지나가며 바람을 일으키자, 꽃씨들이 도시의 상공으로 멀리멀리 흩어지며 영화는 끝이 납니다.

1. 오마주hommage

'존경, 경의'를 뜻하는 프랑스어로, 영화에서는 영향을 받은 감독 또는 작품에 대한 경의를 자신의 작품에 표현하는 것을 말합니다. 보통 인상적인 대사나 장면을 본떠 영화에 집어넣는 식으로 나타납니다. 브라이언 드 팔마는 〈사이코〉(앨프리드 히치콕, 1960)의 샤워실 살해 장면을 자신의 영화 〈드레스드 투 킬〉(1980)에 오마주한 것으로 유명합니다.

2. 아도니스Adonis

미의 여신 아프로디테는 청년 아도니스에게 반해 지하의 여왕 페르세포네에게 그를 맡겨 두고 몰래 만났습니다. 그러나 페르세포네도 아도니스를 사랑하게 되어 다툼이 벌어졌습니다. 일 년의 1/3은 페르세포네와, 1/3은 아프로디테와, 나머지 1/3은 아도니스가 좋아하는 사람과 있도록 제우스가 중재했으나, 아도니스는 아프로디테를 좋아하여 일 년의 2/3를 그녀와 지냈습니다. 아프로디테의 애인인 아레스는 이를 듣고 멧돼지가 아도니스를 물어 죽이게 했습니다. 아도니스가 흘린 피에서 피어난 꽃이 수선화라고 합니다. 바람 불면 피었다 바람 불면 지는 수선화, 아도니스는 이 영화에서 사이보그와 인간의 짧지만 아름다운 사랑을 나타내는 상징으로 쓰였습니다.

함께 나눌 이야기

1. 사이보그에 유통기한을 둔 이유는 무엇일까요?

길잡이 이 영화에서 사이보그는 인간의 두뇌를 그대로 이식했기에 인간과 똑같이 느끼고 생각할 수 있지만, 인간과 달리 '유통기한'이 존재한다고 설정되어 있습니다. 신이 자신과 똑같은 형상으로 인간을 만들었으나 유한한 생명을 주었다는 점에서 신과 인간의 차이가 드러나듯이, 사이보그의 유통기한은 인간과의 차이점이자 인간이 통제할 수 있는 절대적인 기준선이 될 것입니다. 〈내츄럴 시티〉 외에 〈블레이드 러너〉(리들리 스콧, 1982), 〈아일랜드〉(마이클 베이, 2005) 등의 영화에서도 복제 인간의 수명은 3~4년 정도로 제한되어 있는데, 사이보그가 인간의 일에 너무 숙련되거나 사이보그에게 인간적인 감정이 싹트는 것을 제한하고자 하는 의도가 반영된 것으로 보입니다.

2. 리아는 다마고치 기계로 꽃을 키우고, 시온은 폐건물 화단에 꽃을 키웁니다. 이 꽃들은 어떤 의미를 지니고 있을까요?

길잡이 영화 첫머리에 리아가 다마고치 기계로 꽃을 피우려고 일조량과 수분, 온도를 조절하는 장면이 나옵니다. 죽음을 삼 일 앞두고서도 꽃을 피우려 애쓰는 리아의 모습은 '내일 지구의 종말이 올지라도 한 그루의 사과나무를 심겠다!'는 스피노자의 말을 떠올리게 합니다. 또 한 명의 여주인공인 시온은 사이보그에 대한 인간의 사랑을 지켜보며 공허해하지만, 그럼에도 자신의 쉼터인 폐건물 옥상에서 묵묵히 꽃을 가꿉니다. 이처럼 시간적, 공간적 제약에 아랑곳하지 않고 꽃을 피우려 하는 두 사람의 모습은, 어떤 난관에서도 희망을 잃지 않는 인간 본연의 의지를 보여 주는 듯합니다. 마지막 부분에서 시온이 R과 리아의 잔해를 자신의 화단에 묻는다는 사실도 의미심장합니다. 꽃은 시온의 대사처럼 '아름다운 추억이자 사랑, 그리고 희망'이기도 한 것입니다.

3. 리아가 스스로 A.I.칩을 제거하고 죽음을 택한 이유는 무엇일까요?

길잡이 리아가 스스로 A.I. 기억 칩을 떼어 버린 이유는 수명이 다 끝나기 전에 사랑의 기억을 온전히 품은 채 떠나기 위해서가 아니었을까요? R과 처음 만나 사랑을 느낀 기억, 함께 오토바이를 타고 질주하다 물속에서 춤추던 기억, R의 상처를 어루만지고 발찌를 선물받던 기억, 바닷가 벤치에 앉아 평화롭게 휴식을 취하던 기억이 R과 리아를 번갈아 스쳐 가듯 교차편집된 장면은, 영원할 수는 없지만 추억을 통해 영원히 남는 사랑을 묘사하는 듯합니다. 리아가 자발적으로 죽음을 선택한 또 다른 이유는, R이 뉴컴 사에서 자폭을 택한 이유와도 일맥상통합니다. 서로 다른 장소에 있지만 비슷한 시간에 죽음을 택함으로써, 함께 영원한 사랑을 시작하려는 것이겠지요. 이는 둘을 지켜보는 시온의 대사에서도 느껴집니다. "(사이보그지만) 너는 참 좋겠다. 함께 있어 주고 함께 떠나 주는 사람이 있어서……."

천년여우 여우비

감독 이성강(2006년, 한국)

음악 양방언

등장인물 손예진(여우비 목소리), 류덕환(황금이 목소리), 공형진(강 선생님 목소리)

배경 21세기, 한국

상영 시간 85분(전체 관람가)

과거와 미래를 넘나드는 SF 애니메이션

이솝우화 속 여우는 꾀 많고 교활한 동물이지만, 생텍쥐페리의 소설 『어린 왕자』에서 여우는 지혜의 상징으로 그려집니다. 한국에서 여우는 어떤 존재일까요? 전설 속의 구미호는 '꼬리가 아홉 개 달린 여우'라는 뜻으로, 예쁜 여자로 둔갑하여 지나가는 나그네를 유혹하고 간을 빼 먹는 요망한 존재입니다. 하지만 한 세대 전 인기를 끌었고 2009년 리메이크된 TV드라마 〈전설의 고향〉에선 구미호가 좀 더 인간적으로 그려지며, 오히려 인간이 구미호보다 더 무섭고 교활하게 그려지는 경우도 있었습니다.

점점 더 사람들이 영악해져 가는 세태를 반영하는 듯, 사람에게 배신당하고 심지어 사람을 위해 희생하는 구미호 캐릭터가 애니메이션으로 재탄생했습니다. 바로 〈천년여우 여우비〉의 여우비가 그 주인공입니다. 여우비의 나이는 백 살로, 구미호의 평균 수명을 천 살이라 치면 여우비는 사람 나이로는 열 살 또래입니다. 여우비는 일찍이 부모를 잃고 혼자 살아온 아이로 설정되었는데 이는 여우비가 1900년대에 태어났고, 당시 여우들이 대량으로 사냥됐다는 것을 암시합니다. 20세기가 되면서 농경사회가 산업사회로 전환되고

개발이라는 이름하에 자연이 심각하게 훼손되었으니 백 년이 지난 2006년의 시점에 여우, 그리고 구미호는 거의 멸종 상태라는 거죠.

희귀종이 된 여우비는 불시착한 UFO• 와 조우하고, 이후 외계인들과 함께 인간을 피해 움집 같은 곳에 살고 있습니다. 나뭇잎으로 뒤덮인 아지트는 인간의 눈을 피하는 방공호인 셈입니다. 그러던 구미호가 어느 날 우연히 시골에 놀러 온 사람들을, 그것도 자신과 비슷한 또래인 10대 소년소녀를 만나게 된다면? 이러한 설정으로 〈천년여우 여우비〉는 이야기를 풀어 갑니다.

여우비는 고양이, 사람(어른이나 아이), 나비, 토끼, 새 등으로 변할 수 있습니다. 이것은 꼬리의 개수만큼이나 다양하다는 구미호의 둔갑술을 의미하는 것이기도 하지만 또한 여우비의 사춘기적 성향, 즉 변화무쌍한 성장을 암시하는 것이 아닐까 합니다. 여우비의 꼬리는 아홉 개가 아니라 다섯 개로 그려지는데, 아직 성장하는 중이라 그렇다는 해석도 가능합니다. 이 꼬리들은 펼쳐지면 꽃 같기도 하고 단풍잎 같기도 한데, 가을에 빨강, 노랑, 갈색으로 변하는 나뭇잎과 구미호의 다채로운 변신은 왠지 비슷하게 느껴집니다.

인간보다 발달한 문명에서 왔을 것이라 짐작되는 외계 생명체 '요요'들에게 여우비는 "너희들이 사는 별은 어떻게 생겼는데?"라고 묻습니다. 요요들은 자기들의 고향은 별 전체가 생명체이며 산과 바다, 하늘 등 모든 것에 영혼이 깃들어 있다고 말합니다. 게다가 밤이면 땅이 노래를 부른다며 합창을 해 보이기도 합니다. 21세기 지구에 사는 사람들에겐 어림없는 생각이지만, 여우비가 곰, 나뭇잎, 심지어 욕조와도 대화하는 장면은 이 같은 애니미즘* 의 흔적을 보여주는지도 모릅니다.

황금이는 '황금빛 들판에서 처음 만난 아이'란 의미로, 엄마 아빠의 사랑의 결실을 뜻하는 이름입니다. 여우비가 인간의 학교에 입학하기 위해서 자신의 엄마로 변신해 학교 선생님과 상담하러 갔을 때 황금이의 사연이 잠깐 언급됩니다. 엄마를 잃고 나서 비뚤어진 아이라고 선생님이 말하자, 여우비는 관심을 갖고 귀를 기울입니다.

여우비 역시 태어나는 순간부터 부모 없이 버려진 존재나 다름없었기에 남 얘기처럼 들리지 않았을 테죠.

모성 본능, 즉 돌봄의 마음은 비단 여성만이 아니라 모든 인간에게 내재된 연민과 배려심의 성숙된 형태를 일컫는 말이라 생각합니다. 사춘기에 일어나는 이성에 대한 사랑은 모성 본능을 깨어나게 하고, 역으로 사람에게 내재되어 있는 모성 본능은 사랑의 감정을 성숙케 합니다. 이 영화에서도 사람의 영혼을 빼앗아 자신의 것으로 만들라고 부추기는 악마(그림자 탐정)의 유혹에 빠지지 않고, 오히려 위험에 처한 황금이 대신 스스로의 영혼을 새장에 가두는 여우비의 모습은 사랑의 중요성을 상징적으로 드러냅니다.

마지막 장면, 새 한 마리가 처음 황금이와 여우비가 만나는 장면에 등장했던 카나바(악몽을 없애 주는 상징이라 믿어지는 구슬과 매듭,

깃털로 장식된 인디언들의 부적)를 물고 날아가다가 아래로 떨굽니다. 카나바를 주워 들고, 어디선가 본 물건 같아 고개를 갸웃거리며 하늘을 올려다보는 소녀의 얼굴은 여우비와 닮아 있습니다. 새가 사랑에 대한 집착을 버림으로써 자유로운 영혼으로 거듭난 여우비를 상징한다고 볼 수도 있고, 한 걸음 더 나아가면 여우비가 인간 소녀로 다시 태어남을 암시하는 열린 결말이 아닐까 싶기도 합니다.

이 영화에 따르면, 영혼은 원래 하얀색이지만 사랑을 하게 되면 푸른색으로 변한다고 합니다. 마음에 여러 결이 있듯이 영혼도 마음의 상태에 따라 여러 가지 색으로 표현될 수 있다는 것은 이해가 됩니다. 하지만 왜 하필 사랑을 분홍색도 붉은색도 아닌 푸른색이라 했을까요? 수줍은 연분홍빛으로 시작되어 뜨거운 붉은색으로 타오르는 게 사랑이라는 통념을 깨는 이야기입니다. 이 영화의 각본까지 맡은 이성강 감독은, 여우비처럼 상대방을 위해 죽음도 감수할 수 있는 마음을 신비와 고독의 색인 푸른 빛깔로 나타내어 현실에서 보기 어려운 이타적 사랑에 대한 열망을 표현한 것은 아닐까요?

1. UFO unidentified flying object

흔히 말하는 '비행접시'를 비롯한 정체불명의 비행 물체들을 일컫습니다. 1947년 6월 미국 워싱턴 주에서 최초로 목격되었고, 이후 세계 각지에서 비슷한 사례가 보고되었습니다. 1967년 미국 항공우주학회에 이를 조사하는 특별위원회가 설치되었으며, 보고된 사례들 중 1퍼센트 정도는 신뢰성이 있으나 그 정체는 여전히 불명이라 합니다. 우주인의 이동 수단 외에도 기구, 유성, 방전(放電), 구름에 비친 탐조등 불빛, 어느 국가의 비밀무기 등 여러 추측이 난무하고 있습니다.

2. 애니미즘과 애니메이션

생물이든 무생물이든 자연계의 모든 사물에는 영혼이 있다는 믿음을 애니미즘(animism)이라고 합니다. '애니미즘'과 '애니메이션'(animation)은 모두 라틴어 아니마(anima: 영혼)에서 유래한 말입니다. 그래서인지 애니메이션에서는 동식물은 물론 탁자, 거울, 옷장 같은 사물들도 인간과 똑같이 말을 하고 희로애락을 느낍니다. 철학자 김용석은 애니메이션을 '혼화(魂畵: 영혼이 담겨 있는 그림)'라고 부르기도 했습니다.

함께 나눌 이야기

1. 〈천년여우 여우비〉에서 과묵한 곰이 도리어 자폐아에게 소통의 매개 역할을 한 이유는 무엇일까요?

길잡이 곰이라는 동물은 동글동글하고 귀여운 이미지로 아이들 그림책의 단골 소재로 등장합니다. 야니크 하스트룹 감독의 〈곰이 되고 싶어요〉도 곰을 주인공으로 하는 애니메이션으로, 전 세계 많은 이들의 사랑을 받았습니다. 〈천년여우 여우비〉에서 곰 인형과 반달곰의 모성으로 인해 자폐아 종희가 마음의 상처를 치유하고 말문을 여는 모습은 주목할 만합니다. 주인공은 아니지만 자폐아 종희의 존재를 부각시키고 그 치유 과정을 보여 준 것은 통신 수단과 기술이 발달한 현대 사회일수록 사람과 사람 사이에 거리감이 생기고 오해와 불신으로 소통하지 못하는 세태를 은연중에 지적하는 것인지도 모르겠습니다.

2. 여우비의 꼬리가 단풍잎처럼 다섯 갈래로 그려진 이유는 무엇일까요?

길잡이 나무는 겨울이 오면 잎을 다 떨구어 거름으로 만들고 뿌리와 줄기만을 최소한의 양분으로 버텨 내게 하는데, 떨구어지기

CINEMA

전 광합성을 중단하여 색이 변한 나뭇잎을 단풍이라 부릅니다. 잎의 희생으로, 나무는 이듬해 더 큰 잎과 예쁜 꽃을 피우고 열매를 맺겠지요. 이는 여우비가 희생으로 자신의 진실한 사랑을 지키고 키워 낸다는 영화의 내용과도 상통하는 듯합니다. 〈천년여우 여우비〉의 배경을 단풍이 떨어진 늦가을 산으로 잡았다는 점도 이와 무관하진 않을 것입니다. 또한 타인을 위해 희생함으로써 진정한 변신을 이룬다는 설정은 모성 본능을 통해 성장하는 인간 본연의 힘을 역설적으로 드러내려는 것이 아닐까요? 남녀 불문하고 인간에 내재된 모성 본능은 사랑의 감정을 성숙시켜 인간을 진정한 자아실현으로 이끄는 원동력이기 때문입니다.

3. 영화에서 여우비가 외계인과 인간들을 대하는 마음과 행동의 변화, 그리고 '환생' 모티프는 성장의 상징으로 작용합니다. 심리학자 매슬로의 '욕구위계론'(223쪽 참고)에 대해 알아보고, 영화 속에서 여우비의 행동들이 각각 어느 단계에 해당하는지 해석해 보세요.

4. 왜 외계인들은 사고뭉치나 멍청이 캐릭터로 그려졌을까요?

길잡이 SF영화가 과학의 총합이자 지구 문화를 기반으로 한 상상의 산물이라면, SF 속 외계 생명체는 지구인의 의식이 반영된 존재로 보아야 하겠습니다. 흔히 앞선 문명을 가졌다고 설정되는 외계인들이 어수룩한 캐릭터로 등장하는 것도 이 영화의 참신한 설정으로 꼽을 수 있습니다. 또한 이 영화는 외계인과 왕따, 자폐아를 같은 선상에 놓고 있는 듯합니다. 외계인의 불시착이 시간적·공간적 오류라면, 부적응 또한 부적합한 주변 환경에 의해 상대적으로 비교되고 평가되는 것이라 생각할 수 있으니까요. 이처럼 앞선 문명과 늦된 아이들을 동일 선상에 놓은 것은, 바보와 천재는 종이 한 장 차이이며 평가하는 주체의 기준에 따라 얼마든지 뒤바뀔 수 있다는 것을 말하려는 의도라 생각됩니다.

도움이 된 글

김상준, 『신화로 영화읽기 영화로 신화읽기』, 세종서적, 1999

김용석, 『미녀와 야수, 그리고 인간』 푸른숲, 2000

김진우, 『하이테크 시대의 SF 영화』, 한나래, 1995

김혜진 외, 『새벽을 깨우는 A4 한 장』, 사람생각, 2003

박경태, 『인권과 소수자 이야기』, 책세상, 2007

박영희 외, 『길에서 만난 세상』, 우리교육, 2006

박재동 외, 『십시일反』, 창비, 2003

손문상 외, 『사이시옷』, 창비, 2006

스티븐 제이 굴드, 김동광 옮김, 『인간에 대한 오해』, 사회평론, 2003

씨네 21 엮음, 『영화감독사전』(증보판), 한겨레신문사, 2002

안종주, 『인간복제, 그 빛과 그림자』, 궁리, 2003

윤수종 엮음, 『다르게 사는 사람들』, 이학사, 2002

이남석, 『차이의 정치』, 책세상, 2001

이윤호, 『줌 인 생물학』, 궁리, 2005

이은희, 『하리하라의 생물학 카페』, 궁리, 2002

이정우, 『기술과 운명』, 한길사, 2001

이종호, 『영화에서 만난 불가능의 과학』, 뜨인돌, 2003

이형식, 『영화의 이해』, 건국대학교출판부, 2001

정유성, 『따로와 끼리』, 책세상, 2001

정재승, 『시네마 사이언스』, 아카데미서적, 1998

조셉 보그스, 이용관 옮김, 『영화보기와 영화읽기』, 제3문학사, 1998

칼 세이건, 홍승수 옮김, 『코스모스』, 사이언스북스, 2004

케네스 C. 데이비스, 이충호 옮김, 『우주의 발견』, 푸른숲, 2003

타하르 벤 젤룬, 홍세화 옮김, 『인종 차별, 야만의 색깔들』, 상형문자, 2004

인권 감수성을 높이는 영화 30편

세상을 껴안는 영화읽기

초판발행 2009년 3월 20일
개정판 1쇄 2015년 9월 30일
개정판 4쇄 2022년 10월 6일

지은이 윤희윤
책임편집 남지은
편집 엄희정 이복희
디자인 이지선 이은하
마케팅 정민호 이숙재 박치우 한민아 이민경 안남영 김수현 정경주
브랜딩 함유지 함근아 김희숙 박민재 박진희 정승민
제작 강신은 김동욱 임현식
제작처 한영문화사

펴낸곳 (주)문학동네
펴낸이 김소영
출판등록 1993년 10월 22일 제2003-000045호
주소 10881 경기도 파주시 회동길 210
전자우편 kids@munhak.com
홈페이지 www.munhak.com
카페 cafe.naver.com/mhdn
트위터 @kidsmunhak
인스타그램 @kidsmunhak
북클럽 bookclubmunhak.com
대표전화 (031)955-8888
팩스 (031)955-8855
문의전화 (031)955-3578(마케팅) (02)3144-3237(편집)

ISBN 978-89-546-3776-3　03680